EDITORA DO CONHECIMENTO

Auxiliando a humanidade a encontrar a Verdade

# Nas Asas da Luz

# Nas Asas da Luz

Antônio de Pádua
obra psicografada pela médium
Mitzi Pereira Ponce de León


CONHECIMENTO EDITORIAL LTDA.
Rua Prof. Paulo Chaves, 276 - Vila Teixeira Marques
CEP 13480-970 – Limeira – SP
Fone/Fax: 19 3451-5440
www.edconhecimento.com.br
vendas@edconhecimento.com.br



**Colaborou nesta edição:** Antonio Rolando Lopes Júnior
**Projeto gráfico:** Sérgio Carvalho
**Ilustração da capa:** Banco de imagens

ISBN 978-85-7618-429-4 – 2ª Edição - 2018

• Impresso no Brasil • Presita en Brazilo

Produzido no departamento gráfico de
CONHECIMENTO EDITORIAL LTDA
Fone: 19 3451-5440
e-mail: conhecimento@edconhecimento.com.br

Dados Internacionais de Catalogação na Publicação (CIP)
(Câmara Brasileira do Livro, SP, Brasil)

Pádua; Antônio de, (espírito)
Nas Asas da Luz / Antônio de Pádua; obra psicografada por Mitzi Pereira Ponce de León; – 2ª. edição –, Limeira, SP: Editora do Conhecimento, 2018.

ISBN 978-85-7618-429-4

1. Espiritismo 2. Psicografia I. Ponce de León, Mitzi Pereira II Título.

18- CDD – 133.93

Índice para catálogo sistemático:
1. Mensagens psicografadas : Espiritismo 133.93

Antônio de Pádua

# Nas Asas da Luz

Obra mediúnica psicografada por
Mitzi Pereira Ponce de León

EDITORA DO CONHECIMENTO

# Sumário

Apresentação ........ 9
Antônio de Pádua ........ 11
Prefácio ........ 13
Deixai o passado onde está ........ 14
Justiça ........ 15
Estudo do espírito pelo espírito ........ 17
As leis do Senhor ........ 18
Sinceridade ........ 20
Mediunidade e espiritualidade ........ 22
Privilégios ........ 24
Tudo é trabalho ........ 26
Os caminhos ........ 28
O direito do próximo ........ 30
O bem e o mal ........ 32
O poder da mente ........ 34
Bela união ........ 36
A estrada da paz ........ 38
Onde está vossa crença ........ 40
Vossa vontade ........ 42
Louvar a vida ........ 44
Louvando a Maria ........ 46
Vossa oportunidade ........ 48
Linguagem universal ........ 49
O fumo ........ 51
Capacidade de perdoar ........ 53
A cada um de acordo com seu merecimento e consciência ........ 55

Tempo perdido ... 57
A cura está em vós mesmo ... 58
O assunto é amor ... 60
Nada sois no todo da Criação ... 62
O poder da palavra ... 64
Caminho da evolução ... 65
Ânsia de amor ... 67
Vossa vontade é Deus ... 69
Comunicar-se ... 70
Estudar os astros para conhecer o Universo ... 71
A família ... 73
Sorrir é fazer sorrir ... 74
Ninguém engana ninguém ... 76
O medo ... 78
A luz ... 80
Renovação espiritual ... 82
Confiai em vós mesmo ... 84
Espírito, eterna criança! ... 86
Agradecer ... 88
Afinidade ... 90
Oferenda ao Senhor ... 92
O passado ... 94
A graça da esperança ... 96
Guardai um lugar para a verdade ... 98
O medo ou a vontade? ... 100
Não sois deuses nem vermes ... 102
Servi e sereis servidos ... 104
A semana santa ... 106
Liberdade feminina ... 108
Caminhada espiritual ... 110
A busca da perfeição ... 112
Tempo para servir ao Senhor ... 114
Solidariedade espiritual ... 116
Esquecei as folhas que caíram ... 118
Vigiar ... 120
Doação ... 122
Adivinhações ... 124
Alerta ... 126
A missão do homem ... 128

A procura de Deus ..... 130
A estrela maior ..... 132
O homem de coragem ..... 134
A gratidão ..... 136
Não esperai! ..... 138
Quando a ciência fala de Deus ..... 140
A estrada da vida ..... 142
Tende piedade de nós ..... 144
Por que? ..... 146
Vibração ..... 148
Um minuto na consciência ..... 150
O sensitivo ..... 152
O exemplo ..... 154
A criança ..... 156
O direitos humanos ..... 158
Viver o presente de acordo com o passado ..... 160
Obstáculos ..... 162
A luz sobre a Terra ..... 164
Caminhai por vós mesmo ..... 166
Para cumprir uma determinação ..... 167
Sede objetivos ..... 169

# Apresentação

Este é o terceiro livro que recebo através da psicografia. O primeiro foi ***Liberdade do Espírito,*** de São Francisco de Assis, e o segundo ***Gotas de Amor,*** de Maria de Nazaré. Esse tipo de mediunidade, apesar de tão antigo, ainda é pouco usado no meio espiritualista.

Vou esclarecer o que ocorre comigo e a psicografia. Considero-me sensitiva intuitiva. Só escrevo dentro de uma corrente de orações; no caso, a da Cruzada Espiritual Feminina, a quem devo agradecer o concurso para que o trabalho possa ser executado.

Não me considero privilegiada em receber estas mensagens, pois sou tão somente a intermediária. Nada do que recebo é para mim particularmente; aquilo que me toca é exatamente o que diz respeito à quase totalidade da humanidade nos dias de hoje. Ao sentir que vou escrever, sinto o cérebro e o coração acelerados, como que tocados por algo superior à minha vontade. Não posso parar para pensar ou interromperia a corrente estabelecida com a entidade comunicante (não importando a distância em que se encontre). Sei o que estou escrevendo, mas não poderia interferir, pois a inspiração é muito rápida e quebraria a seqüência dos pensamentos. Tudo o que ocorre é em função da missão que abracei e tento cumprir com prazer e determinação. É de se lamentar que muito da beleza e da pureza das mensagens se percam quando estas passam pelo cérebro físico desta sensitiva, mas mesmo assim espero que este livro possa servir de alento e encaminhamento para aqueles que o lerem.

Mitzi Pereira Ponce de León

# Antônio de Pádua

Nasceu em terra lusa — Lisboa — no ano de 1195, supondo-se que em 15 de agosto, de pais ricos e piedosos e que no batismo lhe deram o nome de Fernando. Nome de origem germânica, que significa "O corajoso", já num prenúncio do que mais tarde viria a ser esse grande paladino da fé cristã.

Por determinação do Alto, já veio ao mundo dotado de dons espirituais em elevado grau, pois, desde menino lhe são atribuídos e testemunhados fatos e prodígios que muito dizem de sua esplendorosa espiritualidade. Consagrado logo ao nascer a Maria Santíssima, viveu sempre em ambiente de grande religiosidade, entregando-se, com freqüência e fervor, à meditação e à oração.

Embora rico, de maneiras tratáveis, cercado de um ar de simpatia que cativava a todos, era humilde; com futuro promissor, tudo abandonou para dedicar-se ao serviço de Deus. Assim, aos nove anos recebe a túnica branca da Ordem de São Agostinho onde iniciou seus estudos e em 1219, ordena-se sacerdote.

Mas a providência divina põe-lhe no caminho cinco religiosos da Ordem de São Francisco de Assis e o ainda padre Fernando, edificado com a humildade e desprendimento desses frades, toma o burel franciscano em 1220, recebendo o nome de Antonio. Dai por diante, percorre vários lugares - África, França,

Portugal, Itália - onde seus dons cada vez mais se evidenciavam. Clarividente, pregador e mestre por excelência, aliava sabedoria (intuição) à ciência e filosofia. De seus vários dons, o mais freqüente é o da ubiqüidade. É por demais conhecido o fenômeno de transporte que realizou para salvar seu pai; e da telepatia e projeção mental que fez um fugitivo voltar com um manuscrito roubado; da pregação aos peixes e o da materialização do Menino Jesus em seus braços, fenômeno este representado na imagem pela qual é conhecido. Tudo isto ele o realizava em constante estado de oração.

Aos 36 anos, já combalida a saúde, abençoa Pádua (Itália) e a 13 de junho de 1231, entoando o hino de Nossa Senhora e dizendo "vejo o meu Senhor", entra de vez na espiritualidade com um sorriso nos lábios e os olhos fixos num ponto. Seu nome e milagres vararam séculos e terras, chegando até nós que invocamos, com fé, este extraordinário taumaturgo.

E é esse espírito de luz e virtudes heróicas que através da piscografia de Mitzi Pereira Ponce de León, nos envia mensagem, onde podemos sentir o seu desejo de preparar-nos para a outra vida, a verdadeira.

Ele pagou, como todos, o tributo da corrupção do corpo na morte, porém, o testemunho de Deus em favor de Seu filho fez conservar intacta, fresca e rosada até hoje, a língua bendita de Antônio de Pádua.

Prof. Idacy Costa, uma cruzada de Maria

# Prefácio

Com Mitzi Pereira Ponce de León, nos congratulamos por mais esta obra da psicografia espiritualista, trazida a público, pedindo muita luz em seu caminho.

Elevamos nosso pensamento a páramos de riquezas espirituais com este livro; no bater das asas da nossa sensibilidade, sentimos o perfume deste buquê, ouvimos vozes de anjos e harpas celestes a nos guiar...

Nesta hora de união de tudo e de todos, com Deus o homem se funde em harmoniosa prece. Quedo-me diante deste manancial de fé em busca de conselhos e virtudes, encontrando como a criança que pede pão ao pai, o suprimento maior, o amor, a religião, a satisfação.

Quando o espírito criado — O homem, busca o mais Alto — O Pai em nós — O espírito puro, por isso, o mais forte - recebe na solitude dessa comunhão,

a pureza
a palavra de fé
o alimento espiritual,
o poder sustentador do Universo
o amor universal.

Augusto Gomes de Matos
Parapsicólogo

# Deixai o passado onde está

Jesus, ensinai Seus filhos a dar!

Por que quereis sempre saber quem fostes, quem são vossos amigos espirituais ou o que fareis amanhã?

Procurai saber quem sois de verdade e o que deveis fazer no momento. Deixai o passado onde está, porque ele nada vos poderá trazer. O presente é que importa. Olhai à vossa volta e vede que no vosso próprio ambiente de trabalho muito podereis fazer por alguém. Quantos são às vezes prejudicados por vós!

Por isto vos digo que antes de pedir, lembrai-vos de dar algo de vosso a vossos irmãos, às vezes tão próximos. Paciência também em vossos lares, porque a caridade começa em casa, para que, se criando o hábito, se possa levar aos outros esta mesma caridade.

Conselho do amigo, Antônio de Pádua
5 de julho de 1968

# Justiça

Se desejais justiça, sede justos para com o próximo. Se tendes sede e fome, lembrai-vos de que vossos irmãos também as sentem. Se desejais amor, lembrai-vos de que vossos irmãos também o desejam. Se tendes frio, lembrai-vos de que vossos irmãos também o sentem.

Procurai desejar para o próximo exatamente aquilo que desejais para vós.

Quanto a vossos filhos, agi também com igualdade, lembrando-vos de que as outras crianças também são filhas de Deus, pois todos são iguais perante o Pai.

Esquece-se a mãe que o mesmo amor que sente por seus filhos as outras mães também sentem pelos que Deus lhes deu? Tudo é bom para vós quando é bom também para os outros. Se assim não for, não poderá haver justiça na Terra.

Muitos males já existem na humanidade por falta de justiça. Bem triste é ser injustiçado para aqueles que vivem, em grande quantidade neste mundo, sem saber que a justiça divina tarda mas não falha.

Procurai ajudar a elevação espiritual deste País, afastando de todos vós a injustiça e a injúria que tanto fazem sofrer. Justamente porque muito ferem, fazem com que muitos se revoltem, ficando ainda mais longe das verdades do Cristo. Elevai vossa mente com pensamentos puros para que possais, desta forma, desanuviar o plano espiritual da Terra.

Se assim agirdes, vós que conheceis a verdade, recebei desde já luzes e graças de Nosso Senhor Jesus e deste humilde servidor seu, Antônio de Pádua.

29 de outubro de 1968

## Estudo do espírito pelo espírito

Fazei uso de vosso espírito a servico do Alto. Jamais faltará alguém de boa-vontade para servir a outrem de igual vibração. As surpresas serão sempre belas e o estudo interessante.

Ainda não vos cansastes de ouvir respostas que não satisfazem a vossas perguntas? Quanta insatisfação e quanta dúvida! Pois entregai vossa mente a quem sabe mais do que os que estão ainda em vosso plano de vida. No Alto o estudo nos é facilitado e muito poderemos dar nesse intercâmbio de amor e boa-vontade. Aprendereis a ouvir as respostas dentro de vosso próprio cérebro. Isto será muito bom porque desta forma o que for filtrado através de vosso cérebro, ali ficará para sempre agregado à vossa mente espiritual. Passará a fazer parte do vosso eu eterno e assim sereis evolução. Entregai-vos sem temores ao estudo do espírito pelo espírito e estareis capacitados para conhecer as verdades espirituais longe das imperfeições humanas.

O amigo de sempre,

Antônio de Pádua
2 de julho de 1971

## As leis do Senhor

Aquele que se encontrar nas leis do Senhor terá encontrado a si próprio e ao próprio Criador. Procurai através da luta de cada dia, através da doença ou da dor, de tudo que a vida vos oferecer de bom ou aparentemente mau, ensinamentos enfim; procurai, através deles, encontrar o vosso eu espiritual, o eu que é ligado à divindade pura.

Lutai sem esmorecer em busca da vossa verdade. Aquilo que julgardes justo com a consciência pura, será justo. Meditai antes de agir, orai antes de vos decidirdes e tereis certeza em vossas atitudes. Tudo que fizerdes com consciência, prece e meditação será vossa resposta e vossa justiça, mas principalmente a resposta e a justiça divinas. Quando assim agirdes com clareza para convosco, tereis agido com clareza para com o Criador, perfeição, realização, luz e verdade. Nada nem ninguém vos perturbará, tereis a paz dos justos e dos puros, vivereis na Terra com os olhos no infinito, o infinito que vos trará respostas cada vez mais claras.

A ninguém fareis perguntas, tereis todas as respostas. A ninguém fareis pedidos, tereis todos os poderes. Encontrastes a vossa paz e ninguém vos perturbará. Lutai irmão para encontrar a paz e então estareis realizado física e espiritualmente.

Já iniciastes a caminhada, vinde com fé e esperança certo

de que esse vosso interesse em servir será o escudo que vencerá todas as batalhas, derrubará todas as barreiras.

Estareis, finalmente, realizado em Deus e em vós mesmo e eu me congratulo convosco.

Irmão, Antônio de Pádua
9 de julho de 1971

# Sinceridade

Procurais talvez compreender vosso irmão, mas jamais conseguireis. Cada cérebro, cada ser, cada criatura, enfim é um mundo de imagens, formas, ideais, maneira de pensar e reagir perante as situações. Procurai antes aceitar vosso irmão tal como ele se apresenta. Deixai que tudo e todos sejam, acima de tudo, sinceros. De que vos serviria modificá-lo ao vosso bel-prazer se ele perderia a sinceridade? Percorrei antes o vosso próprio ser. Quem sabe podeis enfim fazer um esforço para aceitar melhor as criaturas?

A beleza da natureza está em suas formas irregulares, em seu colorido variado. Não procureis fazer de todas as criaturas um espelho de vós mesmo. Cuidai de policiar vosso cérebro, vossas ações para que sejais acima de tudo sincero. Nada de bom pode existir se não colocardes uma boa dose de sinceridade. Ela é a válvula, a alavanca, o motor que faz girar tudo dentro do perfeito equilíbrio. Sem sinceridade não há equilíbrio.

De que serve elogiar se vosso elogio não é sincero, deixando assim de ser construtivo. De que serve dizer que amais se vosso amor não é sincero. De que servirá desejardes servir a Deus se não vos colocais no caminho da evolução espiritual, única que poderá levar-vos à sinceridade da pureza desejada para aqueles que devem servir, para servir bem. Antes de mudar a humanidade que vos cerca, procurai mudar a vós mesmo. Reformulai vosso interior e sereis finalmente sincero convosco, vossos irmãos e principalmente com o Deus que vive em vós e que não conseguireis enganar como a vossos irmãos. Pois é Ele que vos faz pensar, que vos faz raciocinar se estais errado. Que belo princípio, o começo do raciocínio, que vos leva à meditação, meditação que vos leva a Deus e à prece.

Eu me congratulo convosco, irmão, porque para ser sincero, também eu errei muito, pequei muito e desses erros e pecados, fiz meu escudo, minha glória. Não vos entristeçais de haver errado porque esses erros vos levaram à necessidade da prece e esta prece vos levou a Deus, como me levou também quando errei. Bendigamos nossos erros e o perdão que nos dá o Pai, pelo fato de sermos sinceros para conosco e com Ele que tanto nos ama, encaminhando-nos para a Sua Pátria, onde tudo é sinceridade porque os pensamentos são claros e nítidos como as águas de um regato.

A bênção de hoje do irmão em Cristo,

Antônio de Pádua
17 de agosto de 1971

## Mediunidade e espiritualidade

Não deveis confundir mediunidade com espiritualidade. Nem todos os médiuns são espiritualizados, nem mediunidade é sinônimo de espiritualidade. O dom nasce com a criatura e quanto maior o grau de mediunidade de efeitos físicos, mais difícil ela é. Assim é que a mediunidade, por vezes, é suspensa quando os mentores espirituais reconhecem que a faculdade, ao invés de servir de elemento na evolução, pode vir a ser uma forma de atraso espiritual para aquele que dela faz uso indevido.

Espiritualidade é evolução em ligação crescente e permanente com entidades que se encontram em Plano Superior, trazendo-vos a orientação, a educação para o espírito.

Procurai aprimorar o espírito através do estudo, melhorando vossas condições vibratórias, vossa moral, espiritualizando-vos com os ensinamentos recebidos. Aquele que procura estudar, torna-se espiritualizado, embora espiritualidade só possa ser compreendida em etapas evolutivas, sendo caminho de eterna ascensão. Assim sendo, deveis menos preocupar-vos com mediunidade do que com vossa elevação moral e espiritual, pois estas sim, vos levarão ao caminho longo, porém muito belo da espiritualidade.

Cuidai da moral e do espírito e deixai que a flor mediunidade desabroche em terreno bem preparado para que não feneça ou precise ser interrompida pelos mensageiros do bem e da verdade.

Aqueles que tiverem de falar, falarão; aqueles que tiverem de escrever, escreverão. Colocai-vos sempre na posição do bom trabalhador, pronto a cumprir os desígnios do Alto. Nesta entrega de boa-vontade, não vos faltarão instrutores para servir-vos e a todos que de vós se aproximarem, trabalhando vosso cérebro, vosso espírito, vosso ser. Tudo e todos se engrandecerão, tudo e todos se beneficiarão com vossa presença, vossa palavra, vosso amor.

Este aprimoramento será vosso companheiro de luz. Entregai-vos a ele para que possais chegar ao fim de vossa jornada, sem que tenhais sido conhecido na Terra, como um grande médium, mas conhecido no Alto como alma a caminho da espiritualidade, Pátria dos puros e dos bons. Deixareis em vosso caminho somente amor e compreensão.

Mas quem fui eu? Que fiz de bom sobre a Terra? Perguntareis e vos responderei: Fostes um servo humilde do Senhor, que estará esperando para entregar-vos a flor da pureza a que fizestes jus pela vossa simplicidade.

Antônio de Pádua
24 de agosto de 1971

## Privilégios

Não pode existir por parte da divindade privilégio que possa chegar aos seres encarnados em detrimento de seus irmãos em lutas. Assim, não há nem pode haver sobre a Terra planeta dirigido como todos o são, por uma força, um poder e uma vibração que é Deus, privilegiados.

Se pudesse haver um privilegiado sobre a Terra, certamente Deus não seria justo e bom. Se os percalços do caminho são, como já vos disse, a luz que vem clarear as sombras, aqueles que deixassem de ter obstáculos seriam privados da luz que os vem ajudar a evoluir. Os seres conscientes da espiritualidade não poderão jamais julgar-se criaturas privilegiadas, livres de toda doença ou lutas materiais. Estes, mais que ninguém, devem fazer uso do aprendizado divino, que é: viver para viver bem, viver para evoluir, para crescer, fazendo uso de um escudo protetor para abrir novos caminhos. Não vos desespereis jamais, pois a vida é luta, porque aprendizado; luta, porque amor; amor, porque é Deus. Sois uma partícula do todo que é o Universo e nesse todo deveis procurar ser sempre o exemplo, a força viva da fé, usando vosso infortúnio como exemplo de força para demonstrar a vossos irmãos em início de caminhada, como se deve agir na hora da queda, na hora da doença ou da dor. Buscai a força em vós mesmo, ela existe em vós muito mais do que nos outros. Sois privilegiados? Não, meus irmãos, esta força adquiristes por esforço próprio, livre arbítrio, sem a interferência da divindade, que vos concedeu essa liberdade de escolha. Fazei uso dela em benefício de todos que vos cercam. Vossa vida poderá ser derrubada em vários sentidos, na dor, na doença ou na pobreza, mas tereis construído, a tempo; vossa fortaleza espiritual estruturada na fé, na confiança do poder, da proteção e da justiça divina.

O conselho do irmão presente entre vós,

Antônio de Pádua
1 de setembro de 1971

# Tudo é trabalho

O globo terráqueo gira e em sua volta faz que todo um sistema planetário trabalhe. Os dois pólos recebem a luz do Sol em diferentes horas. Tudo é trabalho, tudo é ativação, tudo é vida. Assim é que o ser humano, ele próprio, é um eterno veículo do trabalho do Criador. Até os que pensam pelo lado material das coisas, trabalham, sem o saber, para o bem do próximo e para o seu próprio bem. Trabalham pelo simples fato de respirar, de viver cada minuto intensamente. O materialista é em geral cheio de vida e de força, que não se desgastam em doação consciente, mas que são usadas em auxílio dos que são mais espírito e menos matéria, mais amor que raciocínio e assim tem suas energias sempre desgastadas. Ajudam ainda distribuindo força magnética ao ambiente que frequentam ou no qual vivem.

Trabalham os curiosos ao lado do pobre acidentado nas calçadas, pois com sua presença permitem que os médicos do Astral superior façam uso de suas emanações para os primeiros socorros àquela criatura. Trabalha até o egoísta que em sua prece, pede por si próprio; sem o saber ele está ajudando com sua prece embora de fraco teor vibratório, a desanuviar o ambiente carregado do planeta Terra. Trabalham os pais que só sabem amar os seus filhos, porque esta forma de amor primitivo não deixa de ser o primeiro passo a fazê-los amar, pois amanhã terão de continuar amando netos e bisnetos. O amor, embora primitivo, é sempre responsável por suave vibração que ajuda a viver.

Assim, todo ser trabalha, quer queira ou não, pois tudo em si é vida a serviço da coletividade, porém aqueles que já iniciaram sua caminhada na estrada do bem, tem maior responsabilidade em seu trabalho, pois já possuem maior vibração, irradiada do mais profundo de seu ser, ser esse que já está a serviço da divindade que vibra dentro de si e trabalha por todos os seres vivos.

Trabalhai, irmãozinhos de boa-vontade, porque convosco estaremos em cada prece, em cada pensamento, para auxiliar aqueles que ainda trabalham sem consciência, desconhecendo a beleza que é trabalhar com o Senhor.

Irmão, Antônio de Pádua
22 de setembro de 1971

# Os caminhos

Tão simples são os caminhos mostrados pelo Pai. Ao invés de segui-los, o homem complica-se escolhendo os atalhos de difícil caminhada. Todos os caminhos tem suas dificuldades, sem elas não seríeis testados na força do vosso espírito que veio para lutar, mas também para vencer. Ao final da caminhada recebereis sem dúvida o vosso troféu de luz, que se incorporará ao vosso espírito para sempre.

Lutai sem esmorecer porque, na luta, está a glória da futura felicidade. Na facilidade das provas não encontrareis a força para vencer outros tantos embates. Quem terá vindo a este planeta de provas sem passar pelas provações que serão o seu exame final? O exame que provará se merecestes a verdade de haver vencido tudo com fé e coragem.

Buscai a fé com firmeza na comunhão com o Senhor. Ele é o vosso irmão e acima de tudo o vosso amigo. E pela vontade de Jesus e em nome do Pai, que nós, mensageiros de fé, viemos trazer-vos a certeza da nossa existência e da vossa existência, porque assim como sabeis que existis, deveis ter também a certeza da nossa existência. Existimos em planos onde a matéria não pode mais interferir na vontade, planos onde a luz do Pai não é toldada pelas vossas imperfeições. Buscai esta luz enquanto na Terra, para poderdes acostumar-vos à idéia de que o mundo espiritual é vida verdadeira, embora invisível para a maior parte das criaturas. Podeis, porém, sentir a luz desses planos, que pelo amor do Pai descem até vós como prova de amor e carinho para com todos que palmilham com carinho e amor os caminhos que o Pai lhes oferece como ajuda para que possam chegar até Ele, divindade, pureza e amor.

Antônio de Pádua
29 de setembro de 1971

# O direito do próximo

Vosso direito termina onde começa o direito de vosso irmão. Já meditastes sobre isto? Realmente mais fácil é desejar que tudo corra sempre ao vosso encontro, como se somente existísseis em meio a este todo de criaturas que vieram juntas ao mesmo planeta na idéia de evolução. Porém, a memória é falha e, aqui chegando, olvidais os compromissos assumidos e achais mais fácil penetrar no campo que pertence a vosso irmão mais próximo. Meditai muito que todos tem os mesmos direitos. Tudo que desejais, vosso irmão também deseja. Qual a solução, então? Se todos tem ou julgam ter os mesmos direitos dentro desta guerra que é a luta pela subsistência, alguém terá de ceder. Entre casais, noivos, amigos, companheiros enfim, o único critério justo a seguir; "alguém terá de ceder"; pedireis então a ajuda de uma prece. Meditareis então com quem estará a possibilidade de agir em benefício da melhor causa. Assim, sabereis imediatamente qual dos dois deverá ceder. A princípio parecerá difícil, mas com a continuidade de assim agir, aprendereis bem depressa que a vitória não será jamais em benefício do primeiro ou do segundo, mas sempre em benefício do maior número de criaturas.

Quando, porém, no caso de noivos, sócios, amigos que deverão conviver por algum tempo, não encontrardes a união perfeita para a escolha de quem deva ceder, meditai muito antes desta união, para que não possais dar o passo que julgáveis certo, mas que pela falta de compreensão levará ambos ao mau caminho, sem solução principalmente para quantos irão depender de vós. Fazei um estudo, procurando a resposta no vosso eu interior e meditai se vale mais a pena servir a uma criatura intransigente ou a uma coletividade sequiosa de ajuda.

Lutai por vossos ideais humanitários, sem que para tal tenhais de vos humilhar pedir, rogar. Aquele que não souber ceder a um ideal mais belo que a sua própria vontade, não merece compaixão e sim o abandono a sua própria escolha ou livre arbítrio, até o dia de se lembrarem de orar pedindo o auxílio que não lhes faltará.

Irmão, Antônio de Pádua
6 de outubro de 1971

# O bem e o mal

Imaginai que existe dentro de todo ser uma espécie de balança. Em um dos pratos é colocado todo benefício decorrente da prática do bem, no outro são colocados os efeitos dos desregramentos da prática das ações do mal. Quanto mais for preenchido o lado bom da balança, mais leve se sentirá vosso coração, pois ele tem o dom de abrir vossa mente para as coisas espirituais. Ele eleva vossos sentimentos fazendo-vos sentir a paz interior com a vontade de praticar toda sorte de caridade. Caridade é também aceitar, perdoar, compreender coisas enfim, que tão bem conheceis pela prática da vivência terrena. O prato da balança preenchido pelas boas ações tem ainda um dom, o de pressionar os botões da luz. Quanto maior for o número de botões pressionados, maior será a penetração da luz em todo vosso ser.

Assim fostes penetrado pela luz interior, pela caridade, mas falta ainda o principal, a penetração do amor, às vezes tão difícil de ser atingido por vós, porque a alavanca que, pressionada, faz descer o amor, está colocada em local muito alto. Apenas por intuição, o amor precedeu às outras ações, mas só com esforço ela é motivada por si mesma e pode vibrar finalmente o verdadeiro amor.

Se tiverdes compreendido bem minhas palavras, compreendereis a inutilidade e a perda de tempo que é criar o mal para preencher o outro lado da balança, com a discórdia, a incompreensão, a maledicência, coisas que formam o peso da intranquilidade, que terminam por abalar a saúde. Toldam ainda a visão, não permitindo que possais ver o lado claro das situações e assim não sabereis mais agir com justiça.

A paz aos poucos se afasta e a doença vai tomando conta de todo vosso ser. A mente se afeta e se conturba. Pela penetração do mal, o bem tende a se afastar e com ele todas as emanações de saúde. E lá se foram todas as belas imagens criadas a princípio. Porém é preciso conhecer o mal para dar valor ao bem. Sabeis muito bem que sois os únicos culpados da atração do mal, pela lei de afinidades; atração dos iguais.

Sois então capazes de criar tanto o bem quanto o mal, pois os dois existem dentro de vós. Mas agora que já mentalizastes as imagens do bem, temos a certeza que ireis procurar com mais decisão a prática do bem que vos trará a paz, a caridade, e o amor, e assim a saúde perfeita.

Antônio de Pádua
13 de outubro de 1971

## O poder da mente

Vossa mente tem poderes por vós desconhecidos. Deixai-a livre de qualquer pensamento, entregue-a as preces e meditação e estareis iniciando o desenvolvimento da belíssima faculdade do poder da mente. Este poder existe, é forte e depende apenas de saberdes usá-lo única e exclusivamente para o bem. Uns realmente a usam para o mal, concentrando o pensamento de maldade em determinadas criaturas, pela vibração inferior da inveja e do ciúme.

Podem até mesmo levar estas criaturas a doenças graves, se não se encontrarem em grande proteção. Quem assim age, desconhece, por vezes, o poder que possuem sendo detentores de vontade férrea. Esta vontade cria forma e desenha-se no mal.

Usai vossa mente para o bem, para que não venhais a arrepender-vos mais tarde. Toda ação busca outra de igual vibração e assim os que vibram para o mal atraem as correntes negativas do mal para si também.

Tendes o poder da mente para criar, construir, mas o invés de procurar construir, há os que se aprazem em evocar o mal, usando erradamente o seu livre arbítrio.

Ao despertar, dizei: "Eu sou feliz, saudável, forte". Pensai nos motivos de alegria e abandonai os pensamentos negativos. Vosso dia dependerá das imagens que criardes ao despertar. Se buscardes o negativo, todo vosso dia será sombrio e triste. Procurai o belo, para que esta imagem vos acompanhe por todo dia. Vossa vontade é soberana e deveis usá-la para o bem, criando fortaleza, coragem e determinação. Pensai em objetivos altos e ideais realizáveis. Sede positivos e toda vossa vida será de alegrias e vitórias. Juntai a tudo isso o auxílio da prece e podeis considerar-vos, desde já, vitoriosos em todas as batalhas que a escola da vida colocar em vossos caminhos de aprendizes felizardos da verdadeira vida, a vida pela alegria e a glória de viver. Da vida pelo prazer de trabalhar com a mente, tesouro criado pelo Criador e só penetrável por Ele e por vós próprios em vossos momentos de elucidações espirituais.

Irmão e amigo, Antônio de Pádua
20 de outubro 1971

## Bela união

Bendita união da força da juventude ao conhecimento da idade madura. De que serviria um mundo povoado de jovens ou somente habitado por pessoas idosas?

Deus, que é todo perfeição, deu ao homem as mais variadas etapas em sua vida, desde a formação à evolução de seu aprendizado. Aproveitai bem todas estas etapas; cada uma delas tem o seu valor e a sua hora importante. Fazei uso de todas elas para apreciá-las devidamente.

Jovens, não desprezeis o conhecimento dos mais velhos. Senhores, não desprezeis a coragem e a força dos jovens à vossa volta. Aprendei uns com os outros, pois cada qual terá muito para dar nesta troca mútua de conhecimentos.

Porém, vosso espírito é livre, jovens ou senhores. Ninguém o governa, pois até mesmo Deus vos deu o livre arbítrio. Usai-o para o vosso bem. Procurai o ensinamento em cada minuto que vos é dado para receber as instruções dos mentores espirituais que vivem sempre ao vosso lado. Unicamente de vós dependerá o caminho mais rápido para a ascensão a Deus, espírito da verdade. Unicamente de vossa boa-vontade dependerá vossa evolução. Dedicai-vos, a partir de agora, a criar o caminho mais rápido para vos tomardes os servidores do Cristo Jesus, que precisa de todos, jovens e senhores, para a construção de um mundo melhor, livre da maldade, da doença e da dor.

A bêncão do irmão,

Antônio de Pádua
27 de outubro de 1971

# A estrada da paz

Vinde sem medo para a estrada que vos conduzirá à paz. Nesta estrada a paz penetra vosso ser inundando-o de luz. Esquecereis todas as mágoas e preocupações, pois na estrada do Senhor tudo é belo e calmo. Encontrareis riachos, árvores amigas dando-vos a sombra desejada quando estiverdes cansados. Lá, vossos amigos espirituais estarão sempre ao vosso lado, porque também apreciam a paz.

Paz só pode sentir quem não pense em praticar maldades. Refleti com calma, tomai resoluções tranquilas e descomprometedoras. Já estais em busca da paz do Senhor, que só poderá ser encontrada com vosso esforço.

Força e coragem. Abandonai os erros passados, eles são os fardos pesados que carregais sobre os ombros. Os maus pensamentos são maus conselheiros que vos afastam do caminho da paz e do Senhor. Quem desejar encontrá-lo, terá de ser cada vez mais pacífico e puro.

O Senhor não escolhe seus guiados, tendes que vos decidir em segui-lo ou continuar no caminho do abandono de Deus, esquecido de tudo e de todos, só pensando em vós mesmo. Na estrada do Senhor ninguém pensa em si, pois todos os caminhos se mostram abertos ao horizonte mais belo. Horizonte que mostra o céu que vem brilhar para todos sem escolha de ninguém em particular. O sol brilha em convite ao vosso concurso no todo da criação.

Uni-vos ao sol, à lua, a toda natureza, nesta dádiva de amor por toda a humanidade. Vinde amar conosco e estareis caminhando na estrada do Senhor, cheia de paz, que é a luz que inundará todo vosso ser.

Irmão e amigo, Antônio de Pádua
3 de novembro de 1971

## Onde está vossa crença?

Viveis na esperança de uma crença que vos satisfaça, mas para crer, desejais ver e aí está vosso erro. Já é tempo de poderdes crer sem ver, como vos ensina hoje Thomé.

Buscais a espiritualidade através do estudo. É vosso desejo conhecer o espírito, suas faculdades e propriedades. Ouvis falar de etéreo, espiritual, luzes cósmicas, palavras que não deixam dúvidas quanto à sua origem. Porém desejais apalpar esses conceitos e aí está o vosso erro.

Ouvis falar em espírito e desejais vê-lo, buscando reuniões espiritualistas para ver materializações e colocar a mão naquele corpo fluídico que se condensou na doação de ectoplasma dos médiuns presentes. Esqueceis que todo aquele sacrifício é inútil para os que realmente crêem, pois se desejásseis apalpar um espírito com matéria condensada, apalparíeis a vós mesmo, que nada mais sois que espíritos com matéria condensada. Porém ficais felizes com aquela prova, pois vos certificais da existência do espírito. Realmente o vistes e o tocastes, mas isto ainda não será o bastante, porque tendo sido uma experiência exterior, ao primeiro embate da vida não estareis estruturados para aceitá-lo como ensinamento, mas sim como prova da falta da assistência divina, que vos falhou quando mais precisáveis.

Onde está a vossa crença? Esta só existiu no momento da

alegria de novas descobertas. Sois como os amigos que só visitam ou procuram alguém de quem possam usufruir os benefícios, mas que na hora da doença ou da dor se afastam porque não suportam a dor alheia.

Sabeis a causa de vossa descrença? Porque vos perdestes em meio à procura da fé em locais errados. Procurastes o interior no exterior. Quisestes a matéria e não o espírito. Quisestes ver e pegar o que era tão somente para ser sentido. Não deveis materializar o invisível, que quanto mais for compreendido pelo sentimento, mais vos terá para dar em força, em beleza. Ele é forte porque é sentimento e cresce no coração dos que o procuram pela sensibilidade. É como a prece que deve ser sentida para ter valor. Entidades de luz só se deixam conhecer através da sensibilidade da alma.

Procurai o sentimento em toda palavra que disserdes e estareis doutrinando. Procurai crer no que disserdes e estareis convencendo. Esta é a chave do sucesso em todas as atividades e principalmente nas espirituais; sentir, vibrar, amar e ter entusiasmo nascido da vossa crença. Cultivando o sentimento, estareis no caminho do conhecimento da vida invisível, cheia de força e verdade para aqueles que desejem pela sensibilidade, encontrar a palavra de Deus na voz de uma criança e assim não estarem a deturpar o que é puro com a procura errada da espiritualidade.

Irmão e amigo, Antônio de Pádua
10 de novembro de 1971

# Vossa vontade

Vosso presente é vossa vida. Tudo que pretenderdes, dependerá unicamente de esforço e de vontade.

Há os que se deitam na relva e com sede não tem coragem de levantar-se para beber a água pura do riacho. Há os que, com fome, não tem coragem de esticar o braço para colher o fruto saboroso. Terá por acaso o Criador se esquecido de criar a água ou o fruto que enfeita vossa árvore? Assim também não se esqueceu de vos dar a prece para saciar vossas ânsias espirituais.

Os ensinamentos e tropeços do caminho são os degraus difíceis que irão dar valor à caminhada. Não sejais preguiçosos nem tenhais medo de estender vossas mãos em pedido de socorro. Não vos acovardeis na indolência e levantai confiantes de que, aquilo que agora vos parece difícil, amanhã será luz. Vivei desta esperança e vosso espírito se aclarará. Levantai e caminhai, pois que a vitória será dos que não se acovardarem jamais.

Como vislumbrar o final da bela caminhada, se não vos propuserdes a iniciá-la? Como esperar a graça do Senhor se não confiais Nele? Como trabalhar pelo próximo se não sabeis como trabalhar por vós?

Fé e coragem. Confiai cada vez mais, pois do vosso próprio esforço dependerá o recebimento do futuro.

Pedi sim, pedi muito, esta é uma das formas de vos comunicardes com o Senhor. Vossas necessidades são as asas dos anjos que vos alçarão às alturas mais belas. Iniciai vosso vôo sem demora. Ele é belo, é o caminho de luz. O Senhor estará à espera para receber cada um de acordo com seu merecimento e com a coragem e a fé que houverem colocado em suas lutas.

Aqui estamos a serviço do Senhor. Vinde trabalhar conosco, pois quanto maior for vosso interesse em servir, mais cuidaremos de vossas necessidades.

Irmão e amigo, Antônio de Pádua
24 de novembro de 1971

## Louvar a vida

O espiritualista não teme a morte, mas louva a vida.

Olhai e bendizei tudo de belo que a vida vos oferece. Temer a morte não é digno do ser que tenta se espiritualizar. Para não temer a morte deveis então louvar a vida, vivendo intensamente cada instante, para que não venhais a vos arrepender mais tarde. O trabalho existe aqui como nos planos superiores. Nada pára, tudo continua na eterna evolução do homem para o Criador. Ele criou o mundo para que possa ser apreciado e não destruído. Criou o mundo para que fosse amado e não odiado. Jesus em Seu nome criou o perdão e o amor, para que louveis o belo. Quando houver uma catástrofe em vosso meio, não prendais nela vossa mente, pois tudo o que acontece é pela vontade do Pai e ninguém parte em lugar de ninguém. Assim, em lugar de vos prenderdes na dor, orai por todas as tristezas do mundo, por todos os que partem, dando sempre a medida exata para cada acontecimento, sem perturbação mental. Meditai que a lei é perfeita, pois criada pelo Pai e vós que continuais a viver, louvai a vida, pois ainda precisais dela. Todo o planeta passa por sérias modificações e a Lei do Carma ainda existe para vossa redenção. Assim, afastai tanta dor, pois cada vez que vos prendeis nela, estais conturbando ainda mais aqueles que se acham presos no plano material por não haverem se preparado para a partida.

Que todos se preparem no dia-a-dia, nas ações e orações, em forma de trabalho ou amor, porém sempre na preparação do caminho da espiritualidade, que só pode ser construído enquanto viverdes louvando a vida.

Irmão e amigo, Antônio de Pádua.
2 de dezembro de 1971

## Louvando a Maria

Se desejais louvar a Maria, vivei sempre para o bem. Sede mansos e carinhosos, sempre amigos de todos. Sede capazes de amar e perdoar, a exemplo de Jesus e, assim, estareis louvando a Maria.

Louvar a Maria não é esperar pelos dias consagrados à Senhora na Terra. A cada dia, cada momento, deveis louvar a Mãe Puríssima, através de pensamentos puros, reto pensar e reto agir. Somente dentro das leis de Jesus sereis capazes de louvar a Maria.

Como louvar a Maria com o coração impuro? Como pensar em Maria sem amor? A Mãe do Alto deseja ser conhecida pelo amor e o perdão de Seus filhos. Deseja viver em todos os corações, todos os dias.

Como compreender-se a espiritualidade em separação de dias certos para oferendas e louvores? O caminho do espírito é uni só e só deve ser conhecido na lei da igualdade e da grandiosidade do Universo em movimentos iguais para todos. O Sol não escolhe dias para brilhar mais intensamente. Tudo no Universo segue seu ritmo de evolução e principalmente de igualdade.

Louva! a Maria através vossas ações. Louvai a Maria eni todas as atitudes nobres e corretas, pois mesmo assim ainda estareis apenas iniciando o caminho da compreensão para chegar à espiritualidade que Maria procura vos ensinar com Sua pureza, Seu amor, Sua luz.

Irmão, Antônio de Pádua
8 de dezembro de 1971

## Vossa oportunidade

Vossas oportunidades espirituais são como as folhas que passam levadas pelo vento. Em vossa inércia, ficais parados no caminho vendo-as passar sem esforço algum para alcançá-las. O rio que passa vai levando as folhas que caíram e, quando vos decidirdes a levantar para apanhá-las, a oportunidade já terá passado e as folhinhas já irão muito longe.

Assim em vossas vidas as oportunidades se passam sem que busqueis sair da prostração. Sois batidos por vento e tempestades, "grandes ensinamentos", mas a inércia continua e vos deixais ficar à margem do caminho.

Vinde caminhar conosco, vossa oportunidade ai está; não a deixeis passar como folhas ao vento, segurai-a depressa, porque outra oportunidade poderá demorar a surgir.

Todos os dias são belos. Todas as oportunidades são boas, segurai-as e contareis com o auxílio dos anjos bons do Senhor e do amigo,

Antônio de Pádua<br>
9 de dezembro de 1971

# Linguagem universal

Todos os povos possuem cada qual a sua própria língua. De outra forma não poderiam entender-se entre si. Mas falarão todos a palavra que é compreendida? Sim, falarão se usarem a linguagem espiritual.

Os olhos, quantas vezes transmitem mensagens que a palavra esconde ou não sabe dizer. Quantas vezes duas pessoas conversam e parecem falar linguagem estranha uma à outra.

Cultivai a linguagem universal, a linguagem do amor e então sereis sempre compreendidos, através de um olhar, de um gesto, de uma atitude.

Usai da beleza de amar e deixai que esta beleza transborde através da palavra, para que esta seja ouvida.

O tempo é pouco e cada vez mais curto. De que serve falar para não ser compreendido? Sede objetivos e fazei uso da palavra certa, na hora certa. Estareis usando a lei do amor universal.

A natureza transborda de sabedoria e esplendor durante os dias e as noites, nada se desperdiça ou se perde, tudo se aproveita. Aproveitai bem vosso tempo, meditando, que para usar palavras vãs, melhor será nada dizer.

Falai para serdes compreendidos e estareis transmitindo a palavra do próprio Criador, usando de Seus filhos como antenas transmissoras de amor, de um pouco de Sua sabedoria.

Quanto mais vos unirdes para servir pela palavra certa, mais ligados estareis ao Pai e ao irmão,

Antônio de Pádua<br>16 de dezembro de 1971

# O fumo

Realmente é de se lamentar que, quando o homem compreende que o fumo não é mais usado como prova de masculinidade e começa a abandoná-lo, dia-a-dia, a mulher, e a bem dizer quase todas as crianças, antes mesmo de terem seu organismo formado, entregam-se ao prazer malfazejo do fumo.

Seria muito bom alertarmos os jovens, fazendo-os compreender o mal que estão praticando contra o espirito e a matéria, que sofrem os efeitos do vício que é o atraso para o espírito e a doença para a matéria.

Porém, aqui estamos para vos trazer a lembrança de ensinamentos sem imposição de nossa parte, pois, se algo fosse imposto, não haveria o menor valor, para nós como para vós próprios. Assim também como não deveis impor vossa vontade em relação aos filhos ou guiados, mas sim fazê-los compreender. Também não desejamos impor nossa vontade, mas apenas fazer-vos compreender que existe em vós uma força que nasceu na criação do vosso eu interno, consciência espiritual. Esta força é a própria divindade em vós. Esquecestes dela e vos entregastes aos vícios humanos. Porém ela existe e estará pronta para despertar-vos do erro para a espiritualidade pura, única forma de equilíbrio e saúde perfeita. Despertai-a através da prece, na comunhão com o Senhor Jesus. Vosso irmão e amigo dedicado vos despertará esta força, bastando que o façais com sinceridade e vontade de vencer tudo de imperfeito que vos acompanhe.

Não teríeis valor perante o espírito, sem lutar contra as tendências inferiores da matéria, pois elas existem para serem corrigidas. Corrigi-vos enquanto é tempo.

Irmão e amigo, Antônio de Pádua
23 de dezembro de 1971

## Capacidade de perdoar

A capacidade de perdoar está na consciência de vossos próprios erros, passados ou presentes.

A consciência íntima existe com toda sua força dentro de cada um. Podeis não recordar de muita coisa, mas ela existe, vive e grita dentro de vós. Esta é a razão da facilidade que encontrais de perdoar. Assim não há grande mérito no perdão. Melhor seria que não tivésseis de julgar, de analisar, de perdoar. Aceitar os erros é mais belo que perdoá-los. Compreender as faltas é mais belo do que envaidecer-se com um perdão que existe em função da consciência de vós próprios. Porém, quem perdoar com sinceridade, não irá se julgar bondoso, caridoso, diferente porque conseguiu perdoar, o perdão está ligado à noção certa de que nada sois para perdoar.

Já vos analisastes intimamente? Sereis capazes de perdoar a vós próprios as faltas cometidas contra vosso espírito? Esquecei os erros alheios e meditai nos vossos. Quantas vezes já usastes mal a liberdade de agir, de pensar, de falar?

Sede capazes de perdoar com a alma e aí sim estareis começando a compreender a beleza de saber perdoar.

Entregai a Jesus vossas preocupações em relação ao próximo e que o Senhor então os perdoe em seu lugar.

Deixai que vossa consciência íntima fale sempre mais alto do que os interesses materiais e particulares e assim sereis mais felizes, esquecendo o perdão na busca da compreensão e aceitação de cada qual como quer que se apresente.

Irmão, Antônio de Pádua
9 de janeiro de 1972

# A cada um de acordo com seu merecimento e consciência

Quando tendes sede, de nada serve ver alguém beber o líquido desejado em vossa presença. Quando tendes fome, não adianta ver alguém alimentar-se, pois vosso estômago continua vazio. Também na hora de receberdes uma graça, ninguém a recebe em vosso lugar. Mas se praticardes uma imprudência irás responder por ela, porque a lei sábia e justa é igual para todos e funciona nas ocasiões mais variadas.

Se na hora das graças ninguém as recebe em vosso lugar, também na hora das provas, estas não são transferíveis a ninguém. Sereis guiados unicamente por vossas consciências, procurando em vós mesmo as respostas para agirdes corretamente. De outra forma estaria o Alto intervindo no livre arbítrio dos homens.

Na hora das dúvidas ninguém será capaz de vos convencer do erro das falsas verdades que criastes em vosso cérebro. Na hora da dúvida resta o consolo da reflexão, da meditação com o cérebro liberto das idéias preconcebidas, para que possais ouvir a verdade. Não deveis temer voltar atrás em decisões tomadas.

Cuidai muito, meus irmãos, porque na hora de responder pelos enganos cometidos, ninguém responderá em vosso lugar.

Todos na face da Terra são tentados, ou testados. Na palavra "todos", explicado fica a ausência de privilégios, uma vez que estes não existem na Seara do Senhor.

Confiai e entregai vossas lutas íntimas, libertando vossa própria vontade, para não influirdes nas determinações do Alto.

Este é o conselho dirigido a todos os sensitivos ou criaturas responsáveis perante o Senhor nesta hora tão grave para os trabalhos elevados que são realizados no planeta Terra.

Irmão, Antônio de Pádua.
10 de janeiro de 1972

# Tempo perdido

A energia cósmica existe e depende unicamente de vós usá-la no serviço do bem e da verdade. Entregai-vos como seres que sois, conscientes de vossa responsabilidade no trabalho que é feito em conjunto, para vosso progresso e de quantos se interessarem em conhecer a escrita através da mente espiritual. Se nunca tentardes, por receio ou dúvida, ficareis sempre duvidando, receando, e só quando chegardes aos planos do Alto, podereis arrepender-vos do tempo perdido. Aquele que nada fez pelo próximo irá ver o quanto perdeu na escala evolutiva do seu espírito. Aquele que nunca amou, irá reconhecer que deixou de conhecer o mais belo sentimento que o Pai criou, mesmo antes de criar os planetas, pois que estes foram criados por amor. Aquele que nunca observou uma planta, uma flor, uma criança, irá ter saudades delas. Aquele que não respeitou sua família, o direito do próximo, irá sentir a dor do arrependimento e do remorso. Até que um dia quando o arrependimento for sincero, o Pai possa mostrar-lhe que o amor, a flor e a criança são criações de maior pureza e por isso mesmo estão lá no Alto enfeitando o firmamento, dando o colorido da aurora e do crepúsculo. São eles os matizes da paz para quem conseguiu encontrar-se com o Senhor através do arrependimento de quem nada fez, mas finalmente conseguiu orar.

Irmão, Antônio de Pádua
17 de janeiro de 1972

# A cura está em vós mesmo

Imaginai o vosso corpo contendo em seu interior um sintonizador mágico que só pode ser dirigido por dedos que são guiados pela fé. Esta fé, uma vez conseguida, sintonizará na harmonia branca que levará a tranqüilidade a todo o ser. Uma vez movimentada esta energia em vós, a cura se faz como milagre. Não duvideis de que a cura está em vós. Uma mente conturbada e levada sempre para o lado negativo do pensamento constante na doença e na dor, trará o desequilíbrio para a energia que ficará sem comando e sem efeito. Procurai vibrar na harmonia do branco, da perfeição, do amor. Só o amor constrói e só pelo amor podereis vos curar.

Movei o sintonizador mágico em vosso favor, não desperdiceis o que é o próprio Deus dentro de vós. Energia cósmica pura que só poderá vibrar dentro da paz, da oração, da fé. Procurai crer, cada vez mais, em vossa cura, em vossa tranqüilidade, porque somente dentro desta crença podereis vibrar a energia branca. Conseguindo isto, feito está o milagre. Não existe mal que não possa ser curado por vossa fé, ela vos traz a força para caminhar, mesmo sem pernas, enxergar mesmo sem olhos, pois mais cego é aquele que não quer ver, porque não quer crer. Uni-vos às energias mais puras. Assim como credes no sol, porque o vedes brilhando, crede que o sol da divindade brilha em vós. Simplesmente porque existis para o Pai, como o sol para vós. Tudo é realidade pura, trazida pela fé que vos há de curar de todos os males.

Irmão, Antônio de Pádua
24 de janeiro de 1972

## O assunto é amor

Jesus pregou o amor e o homem não compreendeu. O mais belo sentimento, porque cheio de vida e pureza, foi mal compreendido pelo homem, e assim, sofre a humanidade, perdida no desconhecimento da pureza da palavra e da vibração de amor.

Amor, antes de mais nada, é vibração e como tal, deve ser sentido com muita sinceridade.

Jovens, procurai aprofundar-vos na compreensão do sentimento amor. Este não é atração física, perfeição de formas. O amor é pureza. Não vos deixeis iludir pelas falsas impressões. Procurai compreender, para depois então praticá-lo.

A união pelo amor não pode se basear em falsas impressões, pois o tempo implacável virá deformar as formas e a beleza externa e ireis então compreender que terminou o que jamais existiu, o amor. A união perfeita pelo santificado amor, jamais terminará, porque ao terminar o entusiasmo da juventude, ficará a ternura, a paciência, o carinho, o desejo de servir, de ajudar. Os momentos mais difíceis serão transpostos com a beleza da compreensão e do amor verdadeiros.

Jovens, procurai conhecer o amor para que ele seja eterno, vindo a formar famílias bem constituídas, porque alicerçadas na mais bela lei, a lei do amor, que vos fará compreender o mandamento de Jesus: "Ama o próximo como a ti mesmo". Não faríeis aquilo que não gostaríeis que vos fizessem. O próximo será vosso esposo, vossa esposa, vossos filhos.

Meditai muito antes de vos unirdes em uniões que amanhã serão desfeitas, porque foram mal construídas.

Amar a todas as criaturas é o exemplo do Mestre e seguindo este exemplo vos peço; sabei amar para constituirdes algo de belo e duradouro.

Irmão, Antônio de Pádua
2 de fevereiro de 1972

## Nada sois no todo da criação

Nada sois no todo da criação, nada sois na multidão! Sois como o grão de areia da praia, como a gota de água na imensidão dos oceanos, como a partícula de oxigênio na atmosfera. Porém, meus irmãos, não haveria praias sem o grão de areia, oceanos sem a gota de água, atmosfera sem oxigênio. Isolados nada sois. O tudo é nada e o nada pode ser tudo. Só em conjunto podereis criar pela força da união. Nada sois e tudo sois. Meditai muito na importância da união. Uni-vos como os grãos de areia para formar grandes praias, como as gotas de água na formação dos oceanos, como a partícula de oxigênio formando a atmosfera.

O homem primitivo já trouxe consigo a idéia de conjunto para sobrevivência. O homem moderno cresce para, sentindo-se grande, isolar-se em seu poderio. Isolados nada sois, uni-vos e sereis tudo!

Concentrai vossa mente em trabalho conjunto e vos tornareis poderosos. A união pela prece vos tornará partículas do Criador em perfeito funcionamento, criando formas e correntes de alto poder vibratório, poder dado pelo Pai, para que seja usado por todas as criaturas de boa-vontade.

O Pai não vos trouxe ao mundo isolados; fostes criados em massa e somente em massa podereis sobreviver.

Força de união é a imagem que vos trouxe para vosso progresso espiritual.

Irmão, Antônio de Pádua
9 de fevereiro de 1972

# O poder da palavra

Usai da palavra quando tiverdes certeza. Afirmai quando esse impulso vier do vosso interior. Usai de todo poder impresso na palavra para transmitir vossa certeza, afirmação de fé ou confiança, mas sempre construtiva em favor do próximo.

Mas se tiverdes dúvidas calai, porque de dúvidas já está cheia a humanidade. Usai vossa energia em ajuda. Levantai os de moral abatida. Dai a mão aos decaídos. Ajudai o fraco. Calai o choro da criança. Consolai o velho. Enxugai a lágrima da mãe sofredora. Encaminhai o perdido. Caminhai sem olhar para trás, porque, ao chegardes na pátria da verdade, ireis verificar quantas vezes o Senhor se vos deparou em múltiplas formas. Enxugastes Suas lágrimas, ajudastes Seus filhos pobres e sofredores. Usastes o coração a serviço do Mestre.

Em um mundo ainda tão material, continua a necessidade da ajuda à matéria, através da matéria. Mas refleti somente o quanto foi bom trabalhar para o Mestre; somente assim, quando vosso espírito trabalhou em socorro, pôde sentir-se realizado e feliz. Fazei de vosso espírito mais um feliz trabalhador, porque integrado na verdade da caridade tudo lhe parecerá mais suave, mais tranqüilo e ameno. Continuai vossa caminhada a serviço do Mestre e contai sempre com este amigo,

Antônio de Pádua
1 de março de 1972

## Caminho da evolução

A própria palavra evolução já fala do seu significado. Tudo existe e deve ser usado unicamente para o bem, a melhoria do espírito. Uma vez melhoradas as condições do espírito, a matéria se transforma em força e esta força reverte-se em benefício do próximo.

Até mesmo a prece da clausura não é por nós considerada inútil, como pensam alguns, quando ela é vibrada com amor, no propósito de realizar aquilo que a maior parte das criaturas não faz, "orar". Nada se perde, quando transformado em vibração e isto implica também no mal que praticardes, pois todas as ações trazem uma reação e assim, mais cedo ou mais tarde, compreendereis o bem ou o mal que praticastes.

Evolução é não desejar o mal, é não julgar, pois recebereis de volta o mesmo julgamento.

Mundo invisível, dizeis, e ele realmente o é para a maior parte de vós, porém muito mais cheio de vida e de força que possais imaginar. Assim, atraís para junto de vós as mesmas vibrações que irradiardes, quer sejam boas ou más.

Nunca estais sós. O mundo das sombras é cheio de formas e estas formas vos cercam, vos envolvem, de acordo com o vosso chamamento. Chamai a luz ao invés das sombras, o perdão no lugar da revolta. Buscai a luz através da prece que vos servirá e a vossos irmãos. Desligai-vos das imperfeições, não sendo mais uma delas. Procurai o caminho da pureza através do amor. Não deixeis que a palavra do Mestre fique esquecida em meio à prática de coisas que não gostaríeis que vos fizessem. Se tudo a vossa volta é imperfeito, ajudai a construir um mundo melhor, não criticando o que existe mas esquecendo, e criando ações melhores.

Assim, construí um mundo melhor, através do silêncio da palavra e do amor por vibração. Só com amor conseguireis esquecer as imperfeições para realmente construir algo de que o Mestre terá alegria de ouvir, de ver, tornando em evolução para vossos espíritos cansados.

Irmão, Antônio de Pádua
9 de março de 1972

# Ânsia de amor

O mundo todo anseia por amor. Por onde andará este sentimento tão belo de fraternidade e de ajuda? Ele está em você! Despertai este sentimento e distribuí-o com tantos que ainda não encontraram a paz para viver, porque anseiam por algo que ainda não conseguiram receber: amor.

A criança procura, no amor da mãe, a confiança de que precisa para aprender a viver. Por vezes, o amor não é dado na forma desejada e assim cresce, carente deste sentimento que afirma a responsabilidade para a caminhada pelos caminhos difíceis da vida. E assim vem as fraquezas e os vícios. Por motivos assim é que vos pedimos para dardes amor. Com ele, ajudareis a construir o mundo de amanhã.

Vosso planeta também espera de vós este sentimento, para sua própria renovação. Sim, meus irmãos, o mundo precisa do vosso amor. Dando amor às criaturas, estareis dando amor a toda criação e as entranhas da Terra se rejubilarão nesta paz e a atmosfera da Terra se aclarará nesta luz e tudo será harmonia na criação. Desta forma toda mutação será tranquila como a do inseto que larga seu casulo para, contente, alçar vôo. Ajudai a natureza a renovar-se com vossa doação de amor. Sendo a natureza mãe, vós que sois seus filhos, recebereis dela os frutos sagrados, a mais bela paisagem, a mais tranquila harmonia, para que possais viver sem temer as explosões desta mesma natureza que se abala per falta de amor, que se agita por falta desta paz que deveis lhe dar.

Ajudando, sereis ajudado, pois já chega de tanta revolta, de tanta dor. Já chega de tanta tristeza e fraqueza de uma vida que será a preparação para a mais bela vivência, a vivência dos espíritos tranquilos, porque colaboradores e puros.

O amigo e irmão, Antônio de Pádua
22 de março de 1972

## Vossa vontade é Deus

Vossa crença está ligada à vossa vontade. Nada no homem ou na criação de Deus se faz ou se consegue sem a vontade.

Tudo cresce e viceja de acordo com uma vontade. Nos vegetais e nos minerais, esta vontade é invisível, vinda de Deus. Em vós, que já possuís o livre arbítrio, esta vontade vem da formação espiritual, da vontade que houverdes colocado em tudo.

Homem, nada tendes a temer, se Deus vos deu a vontade. homem, tudo podeis se Deus vos deu a vontade. Se tudo podeis, nada tendes a temer. Pegai as armas brancas da paz e lutai. Construí e vivei. Tudo espera vossa vontade. Ajudai os que estão sem coragem de caminhar. Fazei de vossa vida uma força a serviço de Deus, que vos deu a vontade.

Vossa vontade é força e com ela vencereis todas as batalhas. Calai-vos quando agredido. Lutai com a arma da prece, que será movida pela vossa vontade. Ouvi queixas e lamúrias! Com o poder da vontade, tudo podeis ouvir, porque ouvindo encaminhareis.

Homem, confiai mais em vós, porque a vontade que sentis movimentar vosso cérebro é o próprio Deus que vos criou e que, ao criar-vos, não vos abandonou e vos encaminha pelos caminhos da vida através da vontade soberana e absoluta, porque pura e verdadeira.

Irmão e amigo, Antônio de Pádua
5 de abril de 1972

# Comunicar-se

Comunicar-se é o tema. Aconselhamos a todos que não se isolem em seus mundos particulares. Abram as portas de suas vivendas; deixem que o espírito se liberte da clausura, pois já lhe basta o corpo de carne que carrega.

Vibrai na liberdade de amar e construir, pois belo é o caminho dos que, libertos, lutam pela liberdade de outros espíritos. Abandonai o isolamento em que viveis e vinde reunir-vos aos trabalhadores da hora grave, hora de prece, de meditação e ajuda.

Vosso espírito é livre, o corpo é sua clausura. A porta é o coração, os olhos os vigias, para saberdes por onde deveis andar. Vigiai vossos passos, para que, abrindo a porta do coração, seja este o início de grande meta espiritual, meta que não se prende ao socorro de poucos, mas ao socorro de muitos, ao socorro de todos.

Uma vez abandonada a clausura do espírito, este, feliz, procura trabalho e não mais poderá parar, ficar inerte, porque conheceu, como o pássaro que empreende o primeiro vôo, as belezas do Universo e não mais poderá prender-se nas gaiolas do egoísmo de quem vive só para si mesmo, porque ali encontra tudo que precisa, esquecido dos que não sabem da beleza da liberdade por amor.

O irmão de sempre, Antônio de Pádua
12 de abril de 1972

## Estudar os astros para conhecer o Universo

Estudar, meditar, conhecer! A luz é bela quando vista à distância; de perto ofusca e se for muito forte poderá cegar-vos. Respeitai a luz.

Estudar, sim, pois sem estudo não compreendereis a luz, mas estudar para vos julgardes pequenos e não sábios. Meditar, sim. Através da meditação começareis a vislumbrar a luz que de perto vos ofusca. Conhecer, sim. Conhecer com a alma e o sentimento, aprimorando a razão e o raciocínio. Estudando, meditando e conhecendo, iniciareis nova etapa em vosso mundo interior, vida do espírito. Este só vive feliz quando sente que seu vigia de cárcere, seu pensamento, lhe permite crescer dentro da clausura da matéria. Esta, por sua vez, torna-se mais leve à medida que permite o conhecimento da luz do espírito, que não ofuscará a ninguém, porque será pequena, porém o bastante para lhe facilitar o intercâmbio com a Pátria da qual sente saudades.

Deixai crescer vosso espírito na sabedoria de um silêncio, através do bom senso que vos mostrará caminhos mais suaves e menos perigosos. Aperfeiçoar para subir, para vencer, para unir-vos ao Universo na mais perfeita projeção das luzes altas com as pequenas luzes. Crescer para ser pequeno, ser pequeno para servir, servir por amor ao Pai.

Estudai as estrelas para conhecer o Universo, não esquecendo que o fato de estudá-las apenas vos mostrará o quão pequenos ainda sois, em meio a tanta grandeza. Crescer junto ao Pai é ser criança eternamente, embalada pelo colo paterno, ameno e amigo. Ser criança é ser pureza, porque ser criança é ser pequeno e buscar no Pai que aprendeu a amar, a força para lutar e sentir-se amparado para vencer.

O amigo, Antônio de Pádua
10 de maio de 1972

# A família

Quando Jesus perguntou, quem é minha mãe, quem são meus irmãos, não desejava com isto menosprezar os sagrados laços da união de família, mas sim mostrar claramente que para Ele não existia diferença entre os Seus e a grande família universal unida pelos laços da fraternidade. Não amava menos aos Seus, mas sim a todos com a mesma intensidade.

Não confundamos amor com desprezo! Jesus veio dar ao mundo a prova do amor pela igualdade, pelo desconhecimento, de quem são os Meus? Considerava a todos filhos de um mesmo Pai, por quem veio dar seu testemunho de servidor humilde e desinteressado.

Conheceram-lhe as palavras aqueles que quiseram ouvi-lo com o ouvido do coração, aqueles que O viram com os olhos da alma. As mensagens do Mestre até hoje aí estão para iluminar uma vez mais os que desejarem ouvi-lo ainda uma vez e assim conhecerem o verdadeiro caminho da verdadeira vida da caridade pura e desinteressada.

Que o Pai vos abençoe hoje e sempre.

Irmão, Antônio de Pádua
7 de junho de 1972

# Sorrir é fazer sorrir

Assim, meus irmãos, procurai sorrir pelos caminhos da vida, para que tudo possa parecer-vos mais claro e mais ameno. Sorride para as crianças e elas vos retribuirão o sol em um sorriso. Sorride quando entrardes em uma condução para acalmar aqueles que se acham em trabalhos penosos, de acordo com sua evolução e vida material. Sorride para as flores, para todas as criaturas que passarem por vós, pois a vibração do sorrir, sendo colorido, ameno e cheio de alegria, transformará a tudo e a todos. Sorride para a vida, para a dor, para a tristeza. Sorride para a morte e esta se transformará em vida. Se porém chorardes para a vida, esta se transformará em morte, e que coisa mais triste pode existir do que morrer em vida, viver como defunto triste e acabrunhado, vendo tudo pelo lado negro. De que serve viver morrendo a cada instante?

Se estais doente, buscai no sorriso vossa cura. Se estais de partida para o além, sorride, porque encontrareis a verdadeira vida, onde nada é ilusão, porque se tudo nasceu da luz que criou todas as coisas, nada existe além da luz. Quanto mais materiais forem as coisas, mais ilusório será aos vossos olhos. Tudo é uma questão de rotação. Rotação para os átomos, para as células. De acordo com a rotação de todas as coisas, elas se tornam mais ou menos visíveis, e cada plano tem a sua rotação, entrando em diferentes dimensões, que tornam mais fluídicas as células e os átomos, que quanto maior vibração receberem para girar, mais se transformarão em luz.[1]

Assim, não podeis ver a grande luz. Se pudésseis admirá-la ficaríeis cegos. Buscai então as pequenas luzes, as rotações mais lentas que vos cercam e as baixas dimensões, aquelas que vos são permitidas e procurai urgentemente transformá-las aos poucos em luz crescente, mais fluídica, mais luz! Mas, acima de tudo, sorride para a vida, pois o sorriso ameniza a tudo e a todos. Quando todos puderem sorrir, o mundo verá a verdadeira luz.

A bênção do irmão,

Antônio de Pádua
9 de agosto de 1972

1 Reparai que um disco, girando intensamente, torna-se quase invisível aos nossos olhos. Só poderemos ter a visão perfeita de outros planos, entrando no mesmo sistema de rotação de células e de átomos.

## Ninguém engana ninguém

Existindo duas partes tão distintas no homem, ou no ser humano em geral, entendido está que a parte matéria muitas vezes faz uso de subterfúgios e disfarces, até mesmo inconscientes para enganar a si próprio. Porém ele não engana a si próprio no que se refere à sua parte espiritual. O eu espiritual é consciente, forte e sábio, ele não se engana ou é enganado por ninguém.

Assim, toda vez que algum filho da Terra se acha desenganado da medicina terrena, vos admirais de sua insistência de crer na sua cura. Passa então a parecer que aquele irmão estaria sendo impiedosamente enganado em sua inocência e esperança de cura, através da medicina da Terra ou do Espaço. A parte matéria é que, apegada à vida, tenta enganar-se a si própria, porém o seu íntimo espiritual sabe e está mais do que avisado de sua próxima partida. Assim, ninguém engana ninguém. É dever cristão dar esperanças ao doente, uma vez que até mesmo para entidades espirituais é difícil saber se o Pai dará ou não àquele ser a oportunidade de uma cura que deve ser favorecida pelo energismo da fé. Se lhes fossem tiradas as esperanças, qualquer possibilidade de cura seria afastada em prejuízo do doente. Assim são cumpridos os desígnios do Pai, com a ajuda dos médicos, até o fim, sem que os seres sejam enganados.

Somente os muito endurecidos pela materialidade e falta

de qualquer religião, são tomados de surpresa e por vezes até se rebelam contra sua nova condição de vida, porém, para os que buscaram alguma crença, a ajuda vem imediata, dando o apoio na hora da partida para a vida espiritual, de onde continua ligado aos seus entes queridos. Será esta diferença uma injustiça do Pai? Não, meus irmãos, apenas as entidades não podem transpor a barreira da inferioridade para dar a ajuda que desejaria a um filho que não quer recebê-los. É necessário que queiram, para que a ajuda possa ser dada.

Abri vossos corações à fé e à crença sincera, para que possamos cada vez mais, provar-vos que a ajuda se faz para todos que desejarem ser ajudados.

A bênção do irmão,

Antônio de Pádua
13 de setembro de 1972

# O medo

Despertando a fé, nunca tereis nada a temer. Dentro desta chama que pode se transformar em luz, vencidos estarão todos os obstáculos. Assim, despertai unicamente a fé e sereis soberanos e sábios, vencendo todas as batalhas e embates da vida.

Temer, jamais, uma vez desenvolvida e ampliada a fé que é luz, tereis noção perfeita da vossa posição na vida, seja na dor, na doença ou na alegria, tudo passareis confiantes e certos de estardes unicamente descontando dívidas do passado. É como o devedor que foge do cobrador, mas que, mais cedo ou mais tarde, terá de ver sua letra apontada para pagamento em juízo. Por que passar por tantos dissabores, se podeis tranqüilamente abrir o bolso ou a bolsa para o pagamento no tempo previsto, certos de que estareis pagando aquilo que comprastes ou usastes. Compreendei enquanto é tempo e libertai-vos da noção errada das coisas; o mal existe, porque é criado por vós mesmo. Ninguém desconta letras indevidas ou paga coisas que foram consumidas por outrem. Vossos próprios cobradores de faltas, especialmente aqueles que cobram do mundo espiritual, nada mais fazem que vos auxiliar no sentido de um resgate a mais rápida ascensão. Podeis, porém, auxiliar a estes que vos cobram, orando por eles, pedindo que as luzes do Pai cheguem para eles também e, desta forma, e unicamente assim, a dívida paga será satisfeita e aceita por aqueles que cobram. Não será contribuindo para que continuem no prazer ilusório do fumo ou do álcool, de trabalhos e despachos, que estes espíritos se sentirão pagos e satisfeitos. Dai-lhes a luz ao invés das trevas e eles reconhecerão o erro e aceitarão o pagamento. Não colaboreis para que o erro continue, a ignorância dos prazeres baixos, satisfazendo instintos primitivos. Isto faz que cobrem até mesmo sem saber o porquê, desejando somente ver seus instintos satisfeitos.

Não estamos mais no tempo de servir, encaminhando para o erro, mas sim servir encaminhando para a luz, e a luz é Jesus, a luz é Maria, a luz é o Pai, que tudo pode e a todos socorre, mediante a bandeira branca da paz e do amor.

Antônio de Pádua
11 de outubro de 1972

# A luz

Quem procurar espalhar a paz, receberá de volta a mesma paz ampliada. Isto é sabido, mas nem sempre exemplificado.

Estareis realmente em busca da paz? Seria tão mais fácil viver dentro dela! Não ao lado, não à margem, mas dentro dela. Se desejardes receber a ajuda dos companheiros espirituais, facilitai-lhes a proximidade, através vibrações suaves.

A luta entre a luz e as trevas é grande, mas a vitória é sempre da luz. Procurai facilitar o trabalho daqueles que desejam vos trazer a luz.

Afinidade, lei que une os iguais. Procurai chamar para vós, aqueles que se pareçam convosco. Vivendo na harmonia, tereis cada vez mais harmonia.

Quantas vezes indagais o porquê de tantas coisas? Por que pessoas boas sofrem? Isto porque ainda não procurastes estudar, aprender verdadeiramente os ensinamentos espirituais. O próprio Kardec já vos disse que os espíritos de luz, vossos mentores, deixam muitas vezes acontecer coisas que vos parecem más e provem a "força" do mal, para que sejais despertados do perigo de viverdes afastados da luz. Assim, vem os sustos e aborrecimentos, até em forma de doenças, porém a resposta do bem vem mais rápida do que possais imaginar, quando por perto existe alguém que está na estrada do bem pelo amor; e fica então provado que a verdadeira força é a do bem, da verdade e do amor, a força do Pai. Vós, duvidosos de vossa proteção, sofreis e vos preocupais, sem pensar que é só pedir e a ajuda aparece. Confiai mais, pois quem se encontra em proteção pode ser testado ou ver um ente querido ser testado, mas apenas para que seja despertado e veja o quanto precisa de luz.

Felizes são os que merecem das entidades o cuidado de serem despertados enquanto é tempo, mostrando o quanto são queridos do Alto. Bendizei as atribulações, porque são proteção e amor de vossos mentores, que permitem provas, mas não vos faltam com a proteção.

Irmão, Antônio de Pádua
12 de outubro de 1972

# Renovação espiritual

Constatada a renovação espiritual através das reencarnações, constatada está a perfeição e a bondade do Pai que dá a todos, não uma, mas muitas oportunidades. Seria uma insensatez desprezá-las. Sabedoria aproveitá-las.

Por que falar em demasia? Por que desgastar-se inutilmente, se através de uma vibração sincera, podereis fazer compreender a realidade do que é pregado? Se tudo tem base nas reencarnações, gera-se o bem para construir o bem no futuro. Dentro da compreensão, de mente aberta para receber de bom grado o que é dado por amor, as palavras nunca serão demais; o sentimento delas se imporá à simples interpretação. Procurai convencer pela sinceridade, ainda mesmo que não sejais o exemplo mais perfeito daquilo que dizeis, vossa sinceridade suprirá o resto pelo amor em querer ajudar. O amor é vibração que a ninguém engana. Deixai-o subir ao coração e à mente e ele sairá também de vossos lábios. Mas não restringi esta forma de amor para os familiares e sim para todos os irmãos, a quantos precisarem de vós.

É verdade ainda que tudo se repete através dos tempos e assim também as palavras. Bem pouco existe para ser dito que ainda não o tenha sido. Assim as mensagens do Alto também se repetem. São os professores repetindo suas aulas, através das reencarnações de várias criaturas. Ou a entidade reencarna ou alguém terá de repetir suas palavras de amor. Variam as formas, mas o conteúdo é sempre o mesmo, a essência, a verdade enfim. E a verdade que vos chega ainda é a mesma que o Mestre ensinou e que precisa ser repetida em muitas formas e várias vezes para penetrar em vosso cérebro espiritual e, desta forma, se instalarem as verdades que vós próprios tereis de repetir em missões de amor ao voltardes ao planeta que aprendestes a amar.

Ouvi para gravar, gravai para repetir, sem medo de errar, pois que o mundo precisa ouvir a mesma verdade, não em um só canto do mundo, mas em várias formas, em várias línguas, diferentes vestimentas, mas um único sentido; só amor constrói para a eternidade e tudo o mais tem e deve ser banido definitivamente de vossas vidas.

Irmão, Antônio de Pádua
26 de outubro de 1972

## Confiai em vós mesmo

Na hora que a criatura confiar em si mesma, terá encontrado a chave da ajuda ao próximo. Confiai em vós mesmo e sereis o esteio de comunidades. Todos terão confiança em vós e desta forma estareis servindo ao Pai no mais belo propósito de ajudar, elucidar e encaminhar. Deveis ainda dar o exemplo de vossa confiança, provando que agis da forma como gostaríeis que todos agissem.

Nunca vos vanglorieis ou façais pouco de ninguém. Confiança não é arrogância, mas sim segurança. Ajudai aos que ainda se sentem fracos. Ensinai-lhes que vencer na vida não quer dizer formar fortuna material. Vencer na vida é acima de tudo procurar uma forma de construir algo que dará condições de vida aos que nasceram desprovidos de inteligência.

Quantas vezes pensam alguns que descobriram a sua meta certa na vida e vêem, a tempo, que esta meta não estava coincidindo com a meta traçada no Alto. É cortado aquele caminho, mas um novo é logo mostrado e é sempre mais belo. Assim, deveis conversar conosco mesmo, porque, nesta conversa íntima, descobrireis a meta que traçastes no Alto. Aí então é só vencer, só trabalhar, só construir.

Alguns perguntarão: "Quantas formas haverá de se construir algo proveitoso na vida?" E ninguém lhes poderá responder, porque as estradas traçadas pelo Pai ainda não terminaram o curso de seu planejamento. Vós podeis estar neste planejamento, na construção desta nova meta que irá surgir para ajudar, mais ainda aos que vierem chegando e que vos encontrarão firme em vosso posto, em vossa posição, no mais belo marco da estrada sem fim.

Antônio de Pádua
10 de janeiro de 1973

## Espírito, eterna criança!

O espírito é como a criança. Ao conhecer algo diferente já pensa que pode ensinar também. Vem, então, para o estágio da pressa e falta o raciocínio. Em seguida vem a compreensão, já fruto do raciocínio, de que precisa aprender mais, aí ele começa a se julgar sábio, a mostrar a pretensa sabedoria adquirida. Ingenuidade de criança que ainda não cresceu. Parai e meditai se não desejardes perder-vos. Meditando, chegareis à conclusão de que, quanto mais aprenderdes, mais desejareis saber. Começareis a sentir através do relativo aprendizado, que forças desconhecidas impulsionam o vosso saber. Começais a querer vislumbrar o desconhecido. Aí então tudo parecerá difícil. Um cérebro começa a despertar para o saber terreno, sente que existe o saber superior e divino. Que desencanto e que angústia! Como ligar tudo isto? Calma, irmãos, estudando as coisas materiais, as formas que conheceis, chegareis, com tempo, às coisas irreais e não palpáveis. Assim foram feitas as descobertas humanas em relação à energia, à luz ao som. Podereis, por acaso, apalpar a luz e o som? Assim não podereis apalpar as vibrações vindas do Alto.

Quando meditardes que a luz transmite calor, que é uma reação sentida pelo vosso ser material, começareis a aprender a reconhecer o calor das entidades amigas que se aproximam para vos trazer os ensinamentos que vos faltam na Terra. Porém não podereis aprender as coisas elevadas e puras se não houverdes conhecido as coisas pesadas que, embora grosseiras, vos levam às mais sutis e mais belas vibrações.

Não há portanto razão alguma para desespero, é que vosso espírito criança age como tal e tem pressa, aquela pressa inimiga da perfeição. Tende calma e aprimorai primeiro os conhecimentos da Terra, para que as entidades possam encontrar espíritos capacitados para o entendimento do Alto.

Mas e aqueles que não puderam adquirir cultura durante a vivência terrena? Perguntarão alguns. Estarão afastados da possibilidade de receber ensinamentos divinos? Absolutamente, meus irmãos, estes, se desejarem aprofundar o sentimento, poderão, atravês da sensibilidade, receber inspiração para os ensinamentos que desejarem, apenas receberão, naturalmente dentro de sua compreensão. Assim, mais uma vez, a união traz a força de ajuda mútua, conhecimentos da Terra em busca de conhecimentos do Alto, assim agindo espíritos simples desejosos de aprender para servir.

Em tudo, porém, procurai sempre compreender que aprendereis para ensinar com simplicidade. Este deve ser o lema, pois sábio será sempre aquele que nada demonstrar saber pela exibição. Cada um cumprindo a sua pequena parte na vida, no todo desta humanidade que pertence ao Pai, que algo espera de vós.

Irmão, Antônio de Pádua
14 de março de 1973

# Agradecer

Quando a vida vos sorri e tudo à vossa volta é alegria e paz, esqueceis da existência de Deus. Porém o Pai não vos esquece e a própria lei sábia que criou vem em vosso socorro, e vos acorda deste sono mau que vos levaria ao desastre total. Poderá parecer uma injustiça acordar-vos do sono da bem-aventurança. Acontece que se continuásseis sempre a sonhar convosco mesmo, nesta entrega egoísta, onde o mundo parece girar unicamente para servirvos, benefícios não receberíeis senão o próprio lucro material das vossas aspirações materiais. Vem então o despertar, por vezes duro, mas é esse despertar que vos leva à presença do Pai. Então, por que lastimar? Aproveitai a lição e abri bem os olhos. Não desperteis somente para lastimar, lamentar a perda da fortuna ou da saúde. Sacudi todo o vosso ser e aproveitai as lições que vos foram impostas. Não percais este oferecimento do Senhor que vem chamar-vos à razão. Assim como os pais da Terra vos despertam quando pequenino, para que não percais as aulas na escola que freqüentais, assim o Pai Eterno vem acordar-vos quando sois adulto, com mais carinho e mais amor, para que cumprais vossas obrigações na escola terrena. Tanto um como outro procuram unicamente vosso bem futuro, um na Terra, outro nos Céus.

Aproveitai, irmão, despertai sem sofrimentos, porém. Não

sois o único no mundo a sofrer, agora bem o sabeis. Aprendendo podereis levantar-vos outra vez e construir novamente, sendo que agora vos lembrareis de dar a mão àqueles que ainda não foram despertados para a graça maior, ou seja, a graça da fé, aquela que, ao acordar nos corações, não deixará que mais ninguém se sinta triste ou desamparado. Aqueles que foram despertados pela fé, terão encontrado, para sempre, a mão do Pai a despertá-los para os caminhos iluminados.

Irmão, Antônio de Pádua
11 de abril de 1973

# Afinidade

Nem todos me procuram por afinidade, mas sim pela crendice popular que os leva a crer que posso dar solução a todos os problemas relacionados com amor ou perda de objetos. Não quero com isto dizer que minha ajuda não seja dada. Desejo porém esclarecer que podeis sempre vos colocar em condições de receber esta minha ajuda e de vários enviados do Senhor Jesus prontos para vos socorrer neste final de século cheio de apreensões.

O conselho que vos trago hoje é que procureis pessoas, lugares, religiões, mentores que vos sejam sugeridos pela lei de afinidade e somente a esta lei devereis obediência. Dentro dela, asseguro-vos, encontrareis a ajuda mais rápida. Quando não há afinidade e somos chamados pela superstição, temos muitas barreiras a enfrentar e, por vezes, somos obrigados a recorrer aos planos superiores a fim de encontrar o mensageiro mais afinizado convosco para que este possa vir e resolver o vosso problema. Recebemos os louros, quando apenas encaminhamos o socorro mais perfeito. Procurai, então, conhecer pela sensibilidade aqueles que melhor vos podem socorrer.

Em relação à religião, não deveis aceitar imposição. Não há razão para rebelião, mas sim procurar provar a vossa maneira de sentir as coisas religiosas, para que, ao vos compreenderem, sejais livres de escolher e testar vários caminhos até encontrardes aquele que seja o vosso pela afinidade de entendimento.

Na religião escolhida por afinidade, encontrareis almas afins e portanto muito mais preparadas para atender vosso pedido angustiado, quer na Terra, como no Alto. Pela prece desenvolvereis a intuição que vos trará a aproximação de amigos trazendo os recados mais de acordo com o vosso entendimento.

Da mesma forma em vossa vida; se quiserdes ter, em vosso lar, alegria e ambiente calmo, procurai ter amigos afins convosco e tereis sempre prazer em sua companhia. Podereis ajudá-los e serdes ajudados por eles.

Procurai, então, seguir o conselho deste irmão no dia a ele dedicado na Terra, de que a lei da afinidade vos trará a melhor ajuda em todos os setores da vida.

Irmão, Antônio de Pádua
13 de junho de 1973

## Oferenda ao Senhor

Fazei do vosso dia-a-dia, uma oferenda ao Senhor. Nos vossos trabalhos e lutas, estão escritas as mais belas frases que se transformam em oração.

Se vosso trabalho é penoso e vós o aceitais com conformação e paciência, então vosso trabalho é uma oração. Se tratais de um doente e tendes paciência para com ele, compreendendo a situação difícil em que se encontra, vosso tratamento é uma doacão ao Senhor. Se vossos pais não vos compreendem como desejais, mas vós compreendeis esta dificuldade com amor, se sois um bom filho, vossa vida é uma oração. Se vosso filho não vos aceita como sois, mas continuais vos desdobrando para cuidá-lo e dar o melhor de vós mesmo, a vossa forma de agir é uma doação. Se cuidais de uma criança, como quem cuida de uma flor, cuja sementinha tivestes nas mãos, para colocá-la com muito amor em terreno bem adubado, e regastes todos os dias e todas as noites; a vossa paciência sobrepujou o cansaço ou a irritação, então filho, vossa vida é uma oração.

Mas como toda oração, vossa vida deve ser sentida em cada letra que forme uma palavra que virá a formar uma frase na prece da vida. Vossa vida deve ser como esta prece, sentida no mais profundo sentido que ela encerre, dando valor a cada vírgula, a cada ponto final. Somente assim vossa vida terá valor, assim como só terá valor a prece que for construída com a alma.

Não repitais sempre a mesma prece, sem sentido e sem valor, renovai-vos em várias preces, construídas no vosso dia-a-dia, que é o que verdadeiramente importa para vosso ser superior e deixai que tudo se transforme em comunhão com o Senhor, com o aproveitamento de cada passagem no momento devido.

Não deixeis que o doente se cure sem vosso carinho, não deixeis que vossos filhos ou vossos pais fiquem sem vos conhecer uma vida inteira e por favor, não deixeis que vossas crianças cresçam sem que tenhais aproveitado todos os seus momentos, todas as suas graças. Observai-as como observaríeis a flor que, ao desabrochar, vai se modificando em forma, em colorido, em tanta graça.

O amigo de sempre,

Antônio de Pádua
8 de agosto de 1973

# O passado

Deixemos o passado onde está e pensemos firmemente no presente. Não estou falando do futuro, deixai-o também onde ele estará.

Quando a bondade do Pai vos concedeu o privilégio de voltar várias vezes aos planetas por Ele criados para vossa evolução, não vos permitiu recordar o passado. Seria o Pai descuidado ou severo demais para convosco? Não teria sido sábio, fazendo-vos esquecer o passado? Meditai nos exemplos que a própria natureza divina vos dá e segui estes exemplos, como advertências bastante graves.

Ao ingressar em qualquer atividade espiritual deveis a ela vos dedicar, não desejando trazer para os novos ensinamentos que receteis os hábitos do passado. Eles fizeram parte de um aprendizado que muito vos serviu, mas que pertence ao passado. Sede sinceros para convosco e meditai. Se antigas práticas e ensinamentos ainda vos serviam, por que buscar outros mais? Por que trazer inovações do passado para o presente?

Lembrai que todas as religiões se renovam vindas todas do mesmo princípio. A evolução da mente das criaturas é que vai dando novas fórmulas para as formas antigas. Desta forma permite o Pai que todos possam ir se enquadrando dentro do próprio estágio mental de aceitação em que se encontrarem. Ficai, então, cada um de vós, em vosso próprio estágio, religião ou ambiente, até que vosso espírito aspire por algo mais, até que vossa mente necessite realmente de novos ensinamentos. Somente então estareis capacitados para aceitá-los.

Assim como o Pai sabiamente vos faz esquecer os caminhos percorridos em milênios, procurai esquecer o passado de hábitos antigos, quando penetrardes no presente de vossos ensinamentos, que em um amanhã não muito distante já pertencerão também a um passado, nesta constante mutação de aprendizados que é a própria vida.

Não vos dizemos para aceitar a tudo de olhos fechados, mas unicamente para estudardes sem relutar ou colocar defeitos em tudo que vos cerca ou em tudo que vos chega como ensinamento. Estudai com tranqüilidade para vos tornardes também colaboradores do Pai no eterno aprendizado que é evolução e assim vosso espírito se sentirá feliz e tranqüilo ao invés de rebelde e insatisfeito.

Irmão, Antônio de Pádua
12 de setembro de 1973

# A graça da esperança

Que seria do homem sem a graça da esperança? Que seria da flor se ao morrer não encontrasse a mão amiga de um jardineiro para transplantar sua semente e assim perpetuá-la em uma nova flor? Que seria da criança sem o ventre materno para abrigá-la e conservá-la em formação até seu nascimento? Que seria do pecador sem perdão? Do criminoso que tivesse de debater-se eternamente em meio a seus sofrimentos, sem conseguir receber um perdão? Todas as ações à espera de alguma reação que dependerá da forma que queiram dar aqueles que foram atingidos por algum mal decorrente de cada ação.

Que seria da natureza da Terra se o sol não nascesse todos os dias para ajudá-la a viver? Que seria de vossos olhos se o sol não se recolhesse todas as tardes dando lugar à luz suave da lua que vem amenizar a claridade cheia de vida do astro rei? Como viver eternamente da luz ou das trevas? E eu vos respondo; no equilíbrio criado pelo próprio Pai, que vos oferece os dias e as noites para que possais acostumar-vos gradativamente na esperança da luz eterna, a luz dos planos elevados aos quais podereis chegar, se souberdes viver de uma esperança construtora, de uma fé tranqüila.

Que seria de vós, se todos os acontecimentos chegassem a um só tempo? Se todas as flores do Universo tivessem de ser plantadas de uma vez e assim tivésseis de colher todas as sementes e transformá-las em novas flores? Que seria de vós se todos os amigos partissem num repente, deixando um vazio à vossa volta? Que seria do homem se Deus não soubesse dosar todas as suas dores e alegrias? Felizmente tudo vos é dado na medida daquilo que podeis suportar. Jamais deveis imaginar que recebeis demais, sejam dores ou alegrias. Recebeis exatamente aquilo que mereceis e assim é a lei com os povos, gerações, planetas, tudo...

Deveis, então, ter somente uma idéia fixa em vossa mente: saber esperar pela vossa colheita. Saber esperar que cada coisa aconteça a seu tempo e nesta espera aprender uma grande verdade; só quem conhece o tempo certo das colheitas é o Pai. Para Ele é que trabalhais e plantais, porque somente Ele poderá dar-vos a parte que vos couber nesta construção divina que é o preparo do terceiro milênio. As flores se abrirão com maior frescor, o sol iluminará sem ferir e a lua não terá tanto trabalho para acalmar vossos espíritos já então apaziguados consigo próprios pela realização de sua própria natureza em relação ao Pai que vos criou, natureza, então, de paz e amor.

Irmão, Antônio de Pádua
10 de outubro de 1973

## Guardai um lugar para a verdade

Em qualquer morada, por mais pequenina que seja, haverá sempre lugar para mais um filho, um irmão, um amigo. Em todos os templos haverá sempre lugar para mais um crente. Em todos os jardins haverá sempre lugar para mais uma flor, em todo o espaço sideral haverá sempre lugar para mais uma estrela. É preciso que, unicamente, cada coisa e cada ser, se situe em sua morada, em seu templo, em seu jardim, em seu céu.

Se uma estrela viesse à Terra, terminaria com o mundo, porque seu lugar é nas alturas. Somente ao Pai é dado o direito de, com Seu poder, mostrar-se a todos os pequeninos e situar seus ensinamentos em todos os lugares. O Pai faz que as estrelas dêem lugar umas às outras, as flores se espalhem e misturem seu perfume, sem tirar a beleza de cada uma isoladamente, aumentando a beleza do jardim criado por um sábio jardineiro.

O Arquiteto Divino cuida de todos os jardins, de todo o Universo, de todos os seus filhos e lhes mostra de várias formas e maneiras, que em vosso planeta. Ele permite que haja lugar para tudo. Permiti, então, que em vossas vidas haja sempre lugar para a verdade.

Se os homens cultivarem em seus corações a verdade, o Pai encontrará muito maior facilidade de embelezar os jardins e os céus de vossas vidas, que nesta linguagem, significam o vosso eu terreno e o vosso eu mais alto.

Não destruais a beleza de vossas vidas com a mentira, planta daninha que, ao se infiltrar em vosso jardim, destrói a plantinha ainda tenra do descuidado jardineiro.

Cultivai vossa existência como aquele que cultiva uma florzinha humilde e bela, cultivando a verdade, afastando desta forma a dúvida que decorre sempre de uma grande mentira, mesmo que esta mentira seja espalhada involuntariamente.

Irmão, Antônio de Pádua<br>13 de dezembro de 1973

## O medo ou a vontade?

O primeiro passo da criança é inseguro e ela teme cair. Porém sua vontade de andar faz que esqueça o medo e se atire à aventura. O que a faz andar então, o medo, a dúvida ou a vontade? Certamente que a vontade. Quanto mais caminhar, mais se desligará da mão que a guiava. Não deveis sofrer, sim sentir a felicidade de haver ensinado mais alguém a andar. Andando ela irá aprender que poderá cair, ferir-se. Aprenderá que outras crianças pedem espaço para andar e que o chão não é somente seu. Ao perceber que se inicia para ela a fase das concessões, terá começado a aprender que nem tudo é seu, mas que quase tudo terá de ser repartido com alguém. Irá crescendo e aprendendo. Esquecendo os pais, cometendo ingratidões, quem sabe? Porém, crescendo ela aprenderá sobretudo que outras criaturas também dependerão dela, de seus braços, de seu colo, de seu carinho e de suas mãos, para em seguida libertarem-se e compreenderão que Jesus, mais que ninguém, veio ao mundo para vos dar a mão, o carinho, o amparo e que recebe ainda a ingratidão e nem por isso vos esquece ou deixa de vibrar por vós.

Grande será a alegria do Mestre, quando sentir que seus guiados e irmãos queridos reconhecem seu amor. Não para receber a palavra de gratidão ou o elogio, mas por sentir que finalmente serão felizes por si próprios, compreendendo a lei do amor que, como a boa mãe, não espera senão que seu amor possa servir de ensinamento para a verdadeira felicidade de viver para o bem.

Antônio de Pádua
20 de dezembro de 1973

# Não sois deuses nem vermes

Para serdes deuses teríeis de abraçar o mundo qual asas de arcanjos que envolvem, com amor, a natureza.

Para serdes deuses teríeis de ser caridosos, com aquela caridade que dá sem saber a quem, que recolhe e acalenta principalmente os infelizes e pequeninos.

Para serdes deuses teríeis de ter aquele perdão, que já perdoa antes do erro.

Com o amor, a caridade e o perdão como sorrisos complacentes de pureza que não é capaz de mal julgar, mas escutar, escutar sempre e compreender porque escutou com ouvidos de sabedoria, estaríeis a salvo.

Para serdes deuses teríeis de ter aquela justiça que não julga e não julgando, dá a todos os mesmos direitos.

Para serdes deuses teríeis de ser a própria fé. Aquela fé que aceita todas as dores porque sabe que foram baseadas em princípios fundamentados na lei do amor, da caridade, do perdão, da justiça e da verdade. Leis que ainda trazem o sofrimento para quem as cumpre.

Para serdes vermes, bastaria não seguir nenhum dos princípios citados e poupar-se de todas as dores por comodismo ou medo.

Para serdes vermes, bastaria que não aceitásseis senão a justiça que vos conviesse e então, faltásseis com a verdade.

Para serdes vermes, vos furtaríeis da fé que vos colocaria a salvo da dúvida amiga da falta de reflexão.

Meditai, então, irmãos, que estais longe de ser deuses ou vermes. Encontrai-vos na linha divisória entre a divindade e a materialidade. Esta linha divisória tem o nome de homem, ser humano. Deste homem a divindade espera o esquecimento das qualificações do verme que já foi para alcançar um dia, com muita luta, muita pureza e muita verdade a qualificação de anjo. Como anjo poderá observar de cima a pequenez daquilo que já foi e muitos continuarão sendo, enquanto não souberem buscar na força do amor e da fé o impulso para subir também.

Sede homens de verdade e no limiar de uma nova situação angelical, buscai na sinceridade de uma prece o auxílio que vos falta para deixar a lama que cobre os vermes e almejar o encontro com aqueles que por terem cumprido suas missões, hoje são os anjos do Senhor Deus.

O amigo e irmão,

Antônio de Pádua
1 de janeiro de 1974

## Servi e sereis servidos

Ajudai e sereis ajudados. O Pai não faltará aos filhos de boa-vontade. Mantende vossos espíritos ligados à luz maior e ela estará sempre presente.

Somente o indolente não encontrará auxílio. Trabalhai em qualquer situação, seja qual for vosso empenho, desde que este seja meritório e elevado e tereis, junto a vós, os amigos trabalhadores do espaço. Não existirão dificuldades para os homens empreendedores e desejosos de servir à causa do bem. Trabalhai pela causa de Maria e encontrareis a ajuda de seus assessores divinos, distribuindo o trabalho entre os seres de boa-vontade.

Cruzai os braços e encontrareis, ao vosso lado os preguiçosos do espaço. Julgais por acaso que eles não existem? Do outro lado da vida existe uma duplicata para cada coisa ou até mesmo para um pensamento afim. Assim sendo, atraís sempre os espíritos afins com as situações que criais. Os preguiçosos e indolentes, os que bebem, os que fumam, os que fazem toda sorte de maldades, os que brigam ou blasfemam, atraem vibrações iguais. Não gostareis de atrair este estado de coisas, não é assim? Guardai bem que atraireis sempre emoções e presenças iguais às que emanarem de vós.

Inspirai sempre ideais sadios, como o trabalho, vibrações de paz, e assim sereis sempre bem sucedidos. Se algum abalo surgir em vosso caminho, será apenas para vos testar na luta construtiva. Desanimar, jamais! Lutar, sempre, com muitos amigos, com poucos amigos, não importa; preocupai-vos apenas convosco e vossa boa intenção. Deixai para trás os preguiçosos, sede o exemplo da perseverança e da luta e tudo conseguireis.

Unidos em templos, famílias, congregações, universidades, sede sempre o exemplo dos que atraem o bem porque vivem para o bem e sereis os semeadores da luz que iluminará o caminho de muitos. Neste caminho estareis também, embora esquecidos dos favores que prestastes, vendo nestes a quem servistes, alguém que muito mais favores vos presta, alguém que vos deu a vida para que com liberdade tivésseis a oportunidade de construí-la ao vosso bel-prazer; dentro desta liberdade, sabei aproveitá-la pensando no futuro que criais neste presente que é o vosso hoje descuidado. Segui as instruções do bem que será vossa eterna paz espiritual, vossa satisfação íntima que independe de aplausos ou recriminações. Esta satisfação íntima é o vosso colóquio com o Pai. E que bem maior poderá desejar o homem, que estar em colóquio com o Pai, a paz de espírito?

Este é o pensamento que vos deixa hoje para vossa meditação.

Antônio de Pádua<br>13 de março de 1974

# A semana santa

Quando se comemora na Terra mais uma vez a semana santa, nós, mensageiros do espaço, vos perguntamos: Homem, quando deixareis de mentalizar o mal, quando afastareis a dúvida, trocando-a pela certeza, quando afastareis a descrença para dar lugar à fé? Com que facilidade vos entregais ao comodismo de dizer que tudo está perdido e não adianta mais lutar! Com que facilidade vos acostumais a todas as situações erradas por falta de vontade de criar!

O homem age ainda hoje como criança que ao ver um bando de companheiros correr em determinada direção, corre no mesmo sentido, sem saber o que está fazendo. Procurai agir como homem, sede inteligente e reagi, mudai de direção, escolhei o vosso próprio caminho. Não sigais a corrente má que vos levará ao despenhadeiro. Lutai, mesmo sofrendo. Já vistes alguém que nunca tenha tido uma dificuldade? Covarde é aquele que se entrega por medo de lutar. É fácil irdes para vossa casa e dizerdes para vossos familiares: "O mundo está perdido, não adianta lutar". Porém vos pergunto: Faríeis o mesmo se o ladrão visitasse a casa vizinha? Deixaríeis vossa porta sem tranca à espera de que chegasse a vossa vez? Garanto que não. Pensaríeis logo que ele foi roubado porque é um tolo, "mas eu vou guardar o que é meu". E eu vos pergunto, homem, o que é verdadeiramente vosso? Por acaso o mundo onde habitais não vos pertence? Por acaso a criança desacreditada não é vossa irmã? Será que não pensais que ela poderia ser vossa filha, mas nesta hora as dores alheias não são vossas e nada fareis por consertá-las.

Porém eu vos digo, irmão, ainda está em vossas mãos construir um mundo melhor. Começai em não sentir vergonha de dizer que sois um crente, seja qual for vossa crença. Começai a encaminhar bem aos vossos, a vossa casa, mantendo nela os preceitos do evangelho. Se cada um cumprir a sua parte, em breve podereis ver que nem tudo está perdido. Aqueles que oram ainda conseguem manter a harmonia em seus lares e são considerados, por muitos, como privilegiados da sorte. Acontece que eles construíram a sua sorte e sabem dar valor às lições aprendidas a duras penas. Sede assim também irmão e ao invés de vos lastimardes, lutai com todas as forças para que não chegue para vossa surpresa o dia em que sereis apontado como mais uma vítima da corrente da vida que esmaga a todos os imprevidentes.

Irmão, Antônio de Pádua
10 de abril de 1974

## Liberdade feminina

Quantas vezes tereis visto uma criança observando um pássaro numa gaiola, com vontade de lhe dar a sonhada liberdade? Quantas vezes tereis visto o homem dizer à criança que isto seria uma má ação? Porém vos pergunto: O que faz o homem para alimentar os pássaros em liberdade?

Quantas vezes tereis visto a mulher se lastimar da falta de liberdade? Mas vos pergunto: O que faz a mulher através dos anos para tornar a liberdade conseguida um exemplo de virtudes que provem à humanidade o valor de ser livre para ajudar seus irmãos em lugar de magoá-los? Para que tornar-se livre pensando unicamente em ser igual aos homens repetindo os mesmos erros, seguindo os mesmos caminhos percorridos por eles através dos séculos.

Quanto deixam de observar as criaturas tudo que o Criador lhes oferece; o pôr-do-sol, porque ainda estão muito ocupados, o alvorecer, porque ainda estão dormindo. Assim sendo, ao iniciar-se mais um dia, irão prender o espírito a tudo de desagradável que os cerque.

Procurai, irmãos de hoje, ser diferentes daquele menino que não teve coragem de abrir a gaiola, pois talvez em sua inocência soubesse que o pássaro, habituado à proteção da gaiola, não saberia aproveitar sua liberdade, caindo nas garras do primeiro gatinho.

Procurai, homens de hoje, ser diferentes daquelas mulheres que, ao sentirem os primeiros sinais de liberdade, erraram como vós.

Procurai, homens de hoje, que tanto condenais o homem do passado, ser diferentes, tornando-vos um exemplo bom a ser seguido por aquelas criaturas que só obtiveram a liberdade muito depois de vós. Procurai esquecer os erros do passado, certos de que vós mesmo fostes os homens do passado, já que aqui viestes várias vezes.

O homem novo é o homem renovado através dos incontáveis séculos vividos em um aprendizado eterno. Para renovar-se é preciso coragem, pois mais cômodo é manter-se no erro. Porém, já aprendestes pelo sofrimento e a dor e sabeis que uma nova forma de vida vos espera, muito mais bela e feliz.

Observai então o sol que se vai no poente e aguardai o alvorecer de mais um dia, com olhos de quem sabe viver. A tristeza existirá somente para aqueles que à tarde, se acham cansados e pela manhã, se encontram dormindo, enquanto a natureza tudo de belo guarda em si para os que souberem realmente apreciá-la.

Irmão, Antônio de Pádua
8 de maio de 1974

## Caminhada espiritual

Vosso espírito se prepara para mais uma caminhada pela vida. Caindo aprendereis a levantar-vos. Chorando aprendereis a sorrir. Sofrendo, dareis valor ao sofrimento de vosso irmão e a ele dareis a mão.

Iniciai vossa caminhada pelas pequenas estradas, sem pressa, pois que elas vos mostrarão o caminho para as grandes estradas. Caminhai despreocupado e pensai somente que não podereis, ou pelo menos, não devereis recuar. Subi tranqüilo os degraus que vos forem oferecidos na caminhada para vossa reforma espiritual profunda. Caminhai irmão, e subi devagar. Ao subir um degrau, apreciai e dai valor ao esforço que vos foi necessário para subi-lo. Assim vereis de forma diferente os irmãos que dificultando vossa subida, pensaram prejudicar-vos. Ao contrário, dareis mais valor às dificuldades que iluminaram vossa subida.

Vede bem que vos estou falando da importância em subir um degrau; e estes serão tantos! Mas esquecei, e pensai no que está à vossa frente no momento e vos concentreis nele. Orai e pedi a Deus por todos aqueles que seguraram vossos passos. Penalizai-vos deles, pois que eles são em verdade dignos de pena. Ao tentarem impedir vossa caminhada, apenas iluminaram vossos passos enquanto escureceram os deles. Assim sendo, irmão, orai sem fingimentos, orai por compaixão, pois se meditardes, deveis a eles vossa redenção.

Subi devagar e respeitoso, estais pisando em parte da vossa vida e como é importante a vossa vida, estais pisando em uma caminhada que vos poderá levar aos belos recantos da espiritualidade pura, ou ao mais fundo despenhadeiro.

Por tudo isto, aconselho-vos a subir meditando. Subir apreciando. Subir devagar. Subir perdoando, pois que assim vossa subida será de bênçãos e glórias, para vosso espírito cansado de tanto caminhar e lutar, de tanto sofrer em busca daquilo que vos é caro; o amigo perfeito na hora certa. Estes amigos vos esperam e lutam pela vossa vida e sofrem porque só de longe conseguem às vezes orientar-vos, pois estão na Pátria espiritual e nem sempre desejais ouvi-los. Abri vossa mente para eles e vossa subida será mais suave e tranqüila. Tudo o que fizerdes irmão, com o pensamento em Deus, encontrareis a ajudar-vos, seus mensageiros divinos. Subi vossa escada com o pensamento no Pai e aqui estaremos esperando para receber-vos.

O irmão e amigo de sempre,

Antônio de Pádua
12 de junho de 1974

# A busca da perfeição

O homem continua sempre em luta íntima na busca da tão falada e esperada perfeição. Para os apressados, a busca se transforma em desespero que por vezes, os leva ao suicídio, por julgarem um objetivo inatingível. Tão triste é perderem-se assim as esperanças.

Imitai apenas as coisas boas da vida: a criança em sua inocência, a natureza em sua constante doação, a mãe em sua paciência, o homem imperfeito que luta pela sobrevivência de um corpo que em sua deformação levará o espírito à sua redenção.

Não julgueis encontrar tão depressa a perfeição naqueles que vos cercam em planeta de provas, se não a buscardes em vós próprios. Será fácil criticar a imperfeição que vos rodeia e culpá-la pelas vossas dificuldades. A justificativa mais comum no homem é nunca encontrar razões em si próprio, mas nas circunstâncias que o cercam e naqueles que o rodeiam. Aprendei, irmãos, enquanto é tempo, que vós sois as circunstâncias, as razões e as causas de tudo que vos cerca. Usai a auto-análise, antes de analisar vosso irmão. Começareis a notar que os erros do próximo são vossos próprios erros e assim começareis a conhecer vosso irmão em profundidade. E assim começareis a perdoar, pois as injustiças que vos forem impostas vós já as impusestes a alguém. Sabereis compreender que muitos são os credores das mesmas dívidas.

Aprimorai-vos antes que seja tarde. Antes que vosso espírito se canse de buscar a perfeição e deseje desertar da vida ou se desinteresse de lutar. Dai a vosso espírito o conhecimento de uma antiga verdade; aqui viestes descontar faltas antigas e aprimorar conhecimentos. Compreendei vossa situação atual e lutai pela melhoria de tudo que vos cerca com otimismo e confiança, espalhando luz e força. Sede exemplo de uma busca perfeita da perfeição de saber o quanto sois imperfeitos para julgar. Tomai-vos exemplo do bem, amando, amando, amando...

Irmão, Antônio de Pádua
10 de julho de 1974

## Tempo para servir ao Senhor

Que não vos falte tempo para servir ao Senhor! Assim como em vossas vidas não faltará tempo para cumprir todas as determinações de vossa vontade, assim não deverá vos faltar tempo para servir ao Senhor.

Nas horas de alegria, das festas, da diversão, não vos lembrais de Deus, mas o Pai não vos falta em momento algum, dando luz ao sol que vos aquece, dando brilho à lua que vos acalma, enviando a chuva para vossa colheita, oferecendo o trabalho para vosso pão de cada dia. Na hora que vos alimentais, o Pai está presente na energia que os alimentos contem. Na água que bebeis, no ar que respirais, Deus está presente. Sem Ele não poderíeis viver. Porém, na hora em que as coisas não correm bem, vos lastimais dizendo que Deus só existe para os que continuam com a mesa farta, com tempo para queimar-se ao sol ou apreciar a luz. Esqueceis que já fostes um daqueles que apreciaram e receberam a divina presença nas coisas mais simples, sem pensar que elas eram o próprio Deus. Não agradecestes na hora da alegria e agora não agradeceis na hora da dor. Pois agora o Pai será a própria dor, através da qual Ele vos levará à Sua presença. Esta presença que foi constante em todos os momentos e vós não reconhecestes. Louvai o sofrimento que vos uniu a Deus. Ele está convosco, com todos os que sofrem, pois que se não estivestes sozinhos na alegria, não estareis na dor.

Agradecei e segui confiantes, e orai, pois na hora que compreenderdes que não sois os únicos a sofrer, compreendereis que o Pai necessita de vossa ajuda, para levantar outros que ainda não O compreenderam. Que não vos falte tempo para servir ao Pai, já que Este só vive para vos servir. A vida do Pai é a vossa vida. O vosso sofrimento é o sofrimento do Pai e o vosso despertar será a Sua grande alegria.

Assim, irmãos, começai a pensar em Deus como uma presença e O encontrareis de uma forma tão definitiva que não mais O esquecereis. Vossas horas serão dedicadas a servi-lo e estareis servindo a vós próprios, já que não existis sem Deus.

Lembrai de quantos gostariam de servir a Deus e não podem. Agradecei o tempo que vos sobra, mesmo que seja pouco e em breve vosso tempo se desdobrará.

Procurai o tempo do Senhor e tereis a eternidade para servir com Ele, para viver Nele.

Irmão, Antônio de Pádua
14 de agosto de 1974

## Solidariedade espiritual

Vosso coração se comove com as dores a que assiste. Vossa mente se conturba ao saber do infortúnio de companheiros, amigos e parentes. Isto porque participais de suas vidas e chegam ao seu conhecimento, através da leitura, os sofrimentos que envolvem a Terra. Se sois piedoso bastante, passais a orar por todos, ajudais materialmente, enfim, perdeis até boas horas do vosso sono ou dos vossos dias. Mas vos custa, por vezes, conceber que o mundo espiritual que vos cerca esteja tão cheio de sofrimentos. Sofrimentos que não conseguis ver, porque estão acima da dimensão de vossa visão terrena. Aquilo que os videntes vos contam não penetra de forma perfeita vossa concepção destas coisas e imediatamente vos esqueceis delas. Porém, ao esquecê-las, elas não deixam de existir e podem de forma tão palpável influenciar vossa mente descuidada, através de vibrações pesadas, que passam a vibrar em vosso ambiente de trabalho ou vossa casa. Não tendes solidariedade para os infelizes que não vedes e que vos perturbam. A falta de oração em vosso lar atrai a perturbação que embora ignorando-a, passais a sentir. Nesta hora, procurais um conhecimento mais apurado dos assuntos espirituais e sempre encontrais um amigo disposto a vos ajudar. Estes amigos da Terra vos são encaminhados por vossos mentores maiores, atentos ao vosso aprimoramento.

Ao tomar conhecimento do sofrimento do espaço ou dos amigos que o habitam, vosso ser desperta para a solidariedade espiritual e então tereis despertado para a verdadeira caridade. Solidariedade espiritual significa união para orar, para trabalhar pelos irmãos que não podeis ver mas podeis sentir. Trabalhai então em conjunto, aprendei a conhecer um mundo que será vosso amanhã e para o qual deveis, desde já, selecionar a qualidade de amigos que felizes vos aguardarão e vos encaminharão.

Trabalhai, irmão, com vossa mente e vosso coração, e vosso espírito será intensamente feliz.

Antônio de Pádua
11 de setembro de 1974

# Esqueceis as folhas que caíram

De todas as árvores caíram as folhas no outono. De todos os corações fluíram dores e alegrias. As folhas que caíram não voltarão às árvores, assim como as dores e alegrias não voltarão ao coração dos homens. Porém, meditai que novas folhas nascerão nas mesmas árvores, assim como novas dores ou alegrias poderão surgir no coração de todos os homens. Renovação e fé, vos inspira esta lembrança.

Primaveras e outonos continuarão a se repetir, tristezas ou angústias, alegrias e esperanças. Tudo faz parte da mutação da vida, na natureza como nos homens. Tudo isto vos digo para que não percais as esperanças de viver para novos dias, que ao vos trazerem tristezas, as transformarão em novos ensinamentos e motivos de gratidão, pois todo ensinamento inspira gratidão.

Continuai, digo-vos; a cada batalha vencida, vossas forças se renovarão e ireis ficando cada vez mais fortes. Vencendo novas etapas estas vos fortalecerão ainda mais.

E voltamos à imagem da árvore; quanto mais velha, mais grossos seus troncos. Assim é o homem, quanto mais sofrido e castigado, mais firme e forte se torna. Observai que não vos falo de plantas fracas, mas de árvores, com as quais vos comparo; homens, árvores fortes que sacudidas não sucumbem, mas resistem. Sede assim, sempre fortes.

Tudo o que passa não volta mais, senão pelo pensamento para relembrar. Relembrai tristezas sem mágoas, pois que estas são como parasitas que sugam os troncos, que os impedem de crescer viçosos e belos. Sede fortes! Regai com lágrimas vossas raízes mais profundas, aquelas que ninguém consegue ver, senão vós próprios. Regai com lágrimas, pois que estas são como o orvalho que vem à noite para o refrigério das plantas, dando vida às novas folhas. Sede como as árvores e sereis grandes senhores.

Meditai que ao final de tantas tormentas tereis crescido tanto, que estareis mais perto do céu pelo qual lutastes sem perceber.

Irmão, Antônio de Pádua
6 de novembro de 1974

# Vigiar

Cuidai de não criar deuses na Terra. Cuidai de não colocar em altos pedestais, criaturas viventes em planeta de provas. Cuidai de dar valor a quem tem a compreensão de que todos ainda se encontram em aprendizado para uma evolução que só virá com lutas e sacrifícios.

O fim será belo para os humildes de coração e com estes estará a ajuda dos mentores superiores do Pai. Mas cuidai de não criar ídolos, pois que deles não será a culpa quando vosso coração perceber que tem os mesmos defeitos que vós possuís. Dai a César o que é de César, e a Deus o que é de Deus.

Viveis à procura de exemplos que vos possam servir de estímulo e muitas vezes estes exemplos caem por terra deixando-vos um vazio, ou ainda, se fordes fraco, uma descrença na bondade do Pai. Lembrai que o Pai não é culpado das faltas de seus filhos, mas estes é que não cuidam de se aperfeiçoar e vigiar. Notai que não basta orar, mas vigiar. Grandes homens já se perderam por não vigiar, por confiarem que somente a oração lhes serviria de escudo e defesa contra o mal. O hábito de oração deverá purificarvos, penetrando o coração para torná-lo humilde, doce e severo para com vossas reações. Quando a oração não sobe até a mente para aclará-la de forma a compreender seus erros, aí, irmão, é que faltou a vigilância, esta sentinela viva que deve estar atenta à porta de vossa mente espiritual, impedindo que a vaidade turbe vossas emoções e não vejais mais a diferença entre o certo e o errado, entre a fé e o fanatismo. A barreira divisória entre as coisas puras e impuras, entre o bem e o mal, é delicada e perigosa para aqueles que oram sem vigiar, sem deixar-se penetrar pela razão maior que vem de Deus.

A barreira divisória só é observada pelos vigilantes que temem transpô-la para o lado mau e do erro, pensando que ainda se encontram no lado manso e tranqüilo do rio. O resultado para os incautos é que as correntes começam a se tornar perigosas, desviando a embarcação sem que o viajante perceba. Ao tombar, será tarde para gritar. Gritai, então, enquanto é tempo; gritai e pedi socorro; se estiverdes em dúvidas, pedi que ela se afaste de vossa mente. Pedi que vos seja mostrado o caminho certo, mas por favor, ouvi bem o recado que vos deram os irmãos do Alto, pois que se não quiserdes ouvi-los, ninguém vos poderá salvar. Só vós mesmo vos salvareis ao gritar pedindo o socorro maior, cheio de humildade e perdão, pois que o Pai não falta aos arrependidos.

Irmão, Antônio de Pádua
13 de novembro de 1974

## Doação

Abri vosso espírito para receber vosso irmão. Abri vosso coração e dai-lhe amor. Abri vossos braços e dai-lhe um abraço. Recebei-o como se fora um filho vosso, pois que ele bem o poderá ter sido um dia. Recebei vosso irmão com o mesmo amor que recebeis aqueles a quem amais. Dai vosso sorriso para que todos os corações se alegrem. Dai também vossa alegria, para que ela possa ser dele. Dai vossa gratidão para que ele se alegre. Dai vossa esperança para que ele se encha de fé. Dai tudo que possuirdes de melhor, para que vosso caminho seja de graças.

Dai a vosso irmão a oportunidade de mostrar-se bom, confiando nele. Sim, confiai em vosso irmão e ele se encherá de confiança em si próprio. Animai vosso irmão com tudo que aprendestes e vosso aprendizado não terá sido inútil. Dai a vosso irmão a alegria que tendes no momento e ela terá sido o farol a iluminar seu novo caminho. Dai a ele novas oportunidades de vida, de carinho, de amor, e vossa própria vida terá um novo sentido.

Crede que tudo o que o Pai vos dá é por empréstimo, para que possais dar, sem esperar recompensas. Dai a ele a melhor parte da casa que é vosso coração, convidando-o a conviver convosco, enquanto esta vossa morada está cheia de luz. Sabei que a candeia que manterá vosso coração iluminado será exatamente a forma como receberdes vossos irmãos nesta vossa morada.

Se vossa casa se mantiver vazia de convivas espirituais, a luz alimentada por este amor fenecerá e vos vereis às escuras. Portanto, vos digo: amai, dai, dai tudo que possuís de bom em vós, e vosso coração será sempre a morada cheia da luz com que o Pai vos construiu, a luz que vos deu como experiência, para ver se seríeis capaz de mantê-la acesa para sempre.

Enchei vosso coração de luz, com o amor que derdes a vosso irmão.

O conselho do irmão,

Antônio de Pádua
8 de janeiro de 1975

# Adivinhações

Afastai a dúvida de vossa mente e a luz da fé rebrilhará. Buscai tão somente a coragem, pois o corajoso nada teme, luta e enfrenta todas as dificuldades.

Vossa mente é forte, pois que aqui não estais como em uma escola primária. Mesmo que vossas oportunidades de trabalho sejam poucas, vossa mente espiritual muito sabe e é dela que parte o principal comando.

Por que vos apraz saber de coisas, as quais já conheceis tão bem? Será que o fato de confirmar verdades vos dará mais forças, ou vos levará a um sofrimento maior? Diz um ditado popular: "quem procura acha!", e vós desejais achar algo que ainda vos fira mais profundamente? Esquecei de desejar saber o que vos cerca, o que vos fazem, o que vos desejam. Preocupai-vos em saber o que desejais a vosso próximo, o que irradiais a ele, como o tratais. Meditai que adivinhações jamais fizeram bem a ninguém. Mantende-vos firme no caminho que escolhestes, pois que dentro dele estará vossa salvação. Porém, se não tiverdes a mente voltada para a verdadeira fé, acautelai-vos, porque podereis sofrer e sofrer muito. Aquele que crê na justiça do Pai, aceita com dignidade suas provações. Veja bem que vos falo em dignidade, pois que certas atitudes do ser humano, ao invés de serem dignas, se transformam em atraso para o seu próprio aprimoramento espiritual. Assim, sabei ser digno, sabei ser forte, sem confundir humilhação com humildade. Lutai tão somente com a arma da prece e confiai que tudo que a vós vier será para conduzir-vos mais depressa às moradas de vosso Pai. Meditai nas belezas espirituais e esquecei as adivinhações da Terra, que se vos confirmarem tristezas que já conheceis, não constroem a vossa vida, não deixam de fazer sofrer.

Segui o caminho da fé segura que vosso espírito já adquiriu. Embora alguns duvidem de vossa fortaleza, ela existe e vós bem o sabeis. Segui o caminho preescolhido e tereis a ajuda dos bons anjos do Senhor.

Irmão, Antônio de Pádua
12 de março de 1975

# Alerta

Alertas vos tem chegado por parte de muitas entidades que trabalham em nome de Jesus. Orai muito, cuidai de vossas crianças, de vossas famílias. Eles são o maior tesouro que o Pai vos ofertou.

O homem, no afã de ganhar o pão de cada dia, o sustento de seu lar, esquece que educar, não é bater, educar não é dominar, educar é amar. Quantas vezes a falta de amor dos pais se transforma em medo por parte dos filhos, que seguem o caminho das más companhias.

Alertai vossos espíritos, lutai pela paz de vossos lares, pela harmonia e compreensão, através da prece. Os alertas vos chegam, será que todos cuidam de orientar-se por eles? Amor e compreensão geram paz; desarmonia gera perturbação. Uma vez penetrando pelo caminho da perturbação, difícil se torna conduzir as coisas da forma como as entidades amigas gostariam de conduzi-las. Alertamos a todos, pedindo sempre mais orações, mas a qualquer motivo esta é esquecida e seguem o caminho da negatividade perniciosa.

Dinheiro, mola que move o mundo, senhor ao qual todos se curvam; não se ajoelham, mas se curvam. E curvam-se ao fazer elogios às maravilhas que o poderoso senhor proporciona àqueles que o possuem. Curvam-se os que são levados à falta de sinceridade para ter como amigo um poderoso senhor que por destino tenha sido levado à dura prova da aquisição de fortunas. Lutai pelo vosso bem-estar, pela higiene em vossos lares, pela paz que pode existir tanto em lar abastado, como modesto, mas não luteis para possuir fortuna, pois quase todos, ao possuí-la, esquecem-se de lutar pela maior e verdadeira fortuna, a fortuna espiritual. Cuidai muito de vossos pensamentos e desejos de ambição. Esquecei-os e pensai em um bem-estar simples que vos trará a calma e a paz como companheiras. Cuidai de não perturbar vossos espíritos, pois que a prova da fortuna é talvez a mais rigorosa prova pela qual tenha de passar o homem. Dentro dela, dificilmente as criaturas se mantêm equilibradas. Equilibradas para viver, para criar seus filhos sem exageros, equilibradas para buscar uma fé, uma vez que se tenha rendido ao senhor que governa seus atos.

Cuidai, irmãos, com muito carinho, de vossa fortuna espiritual e aproveitai para distribuí-la em forma de oração com todos os que ainda se debatem pelos caminhos da vida, sem saber qual seguir.

O conselho de hoje do irmão,

Antônio de Pádua
14 de maio de 1975

## A missão do homem

É preciso que o homem compreenda não haver diferenças para o Pai, pertençam as criaturas a esta ou àquela crença religiosa. Para o Pai importa somente se o homem é bom, caridoso, amoroso para com todos os seus irmãos. Soube amar? Então foi cristão. Soube dar? Então foi caridoso. Soube perdoar? Então foi justo. Sedes bons, caridosos e justos, pois bem sabeis que a justiça virá para vós na medida em que tiverdes sido justos. Então, procurai mais compreender e menos criticar, mais amar e menos desprezar.

A criatura nada perde, senão perante determinados homens, por pertencer a esta ou àquela escala material, a esta ou àquela condição social, a este ou àquele posto entre os homens. Ele será julgado por seus próprios atos e por sua própria justiça. Será julgado por si próprio, uma vez que o Pai criou um planeta para evoluirdes, e o criou com Suas leis que seriam iguais para todos e assim sem os privilegiados que vos acostumastes a conhecer à vossa volta. Que o Pai ilumine o homem atrasado de ontem, para que inicie uma caminhada para sua abertura espiritual e cristã, para uma melhor compreensão dos homens pelo seu valor interior. Se os maiores valores da alma estão ocultos no homem simples, como então julgá-lo por seus defeitos aparentes? Se a borboleta só é bela após alçar o primeiro vôo, esperai que todos os casulos se abram, que todas as flores desabrochem, que todos os homens se dediquem à fraternidade e então irmãos, tudo à vossa volta será calma, plenitude e perfeição. Iniciai vossa volta na busca da verdade, dentro do perdão e da compreensão e estareis caminhando para a verdade eterna, que é vosso Pai, nosso Pai.

Irmão, Antônio de Pádua
2 de julho de 1975

## A procura de Deus

Toda vez que o infortúnio vos procurar ou a dor vos abraçar, procurai a Deus e Ele não vos faltará.

Sempre ocorre em primeiro lugar bater à porta de vosso irmão. Quantas vezes este também se encontra cheio de problemas e não vos pode atender como desejaríeis. Ficais triste e magoado, mas irmão, esquecei-vos que talvez tenhais batido na porta errada. Deixai estas procuras incertas para os menos crentes, para aqueles que não conhecem o Pai. Vós já O conheceis, por que então não buscá-lo? Na porta de Deus todos os que pedem socorro encontram guarida; batei! Batei mesmo que de leve, pois os ouvidos do Pai estão sempre alerta, prontos para atender-vos. Buscai-O, Ele apenas espera para atender-vos. Sua porta é grande e por ela todos podem entrar. As barreiras que estais vendo foram colocadas pela falta de fé. Afastai o medo, afastai a dúvida, eles são os empecilhos que só existem na vossa imaginação.

Uma vez transposta a porta do Pai, tudo se transformará em luz, que vos levará ao refrigério da meditação. Na meditação encontrareis respostas para tudo. As dúvidas antigas começarão a se dissipar, começareis a ver tudo de forma diferente. Estareis sob a influência da luz do Pai, que vos acalmará e vos dará tranqüilidade.

Esta imagem figurada da porta de Deus é para lembrar-vos que esta porta é a oração. Através dela atravessareis os umbrais da vossa escuridão mental. A suavidade da prece vos elevará e vereis que não estais só. Como será agradável compreender que nunca estais só.

Vinde irmão, batei à porta do Pai e tudo será esperança e nova oportunidade.

Irmão, Antônio de Pádua
12 de novembro de 1975

## A estrela maior

Ao despertar, elevai o pensamento à estrela maior, "Deus". Ao fitá-la com vossos olhos espirituais estareis em comunicação com a força cósmica que dela emana, recebendo vida e energia. Se vos acostumardes a conviver com esta força, muito mais facilmente sereis por ela guiados. Dela virá vossa primeira luz, primeiro socorro, primeira inspiração. Guiai então vossos passos, dentro dos ensinamentos que a estrela maior vos inspirar ao despertar. Mentalizai a estrela e ela vos fará recordar tudo o que os mentores vos houverem ensinado durante o sono do corpo. Recordai ensinamentos para vivê-los e este será um belo dia.

A luz da estrela maior vos criou e está sempre pronta a vos guiar a distância. Aqueles que vivem dela afastados, tornam-se apagados, sem vida, sem calor, são os anêmicos espirituais. Vivei na plenitude de vosso ser superior que é vinculado a esta luz. Vivei nesta plenitude e sereis pequenos sóis na Terra. Aquele que não vibra na luz, não tem forças para se salvar, desconhece seu próprio ser, desconhece suas próprias necessidades maiores, já que não medita ou toma conhecimento do porquê de tanta coisa oculta em seu próprio ser. Estudai-vos através da meditação, estudai-vos para chegardes mais perto da luz. Acendei vosso coração na luz e ninguém vos derrubará. Só o fraco deixa-se abater e vos digo que não existe fraco para aquele que vive na luz divina. Sede fortes, eu vos peço. Sede justos para convosco mesmo, honrando vossa condição de seres humanos, unindo vosso espírito imortal à fonte divina e armazenadora de todas as energias.

Captai as energias que vos cercam, buscando o sol maior e sereis os vitoriosos, os fortes, os vencedores enfim. O mundo precisa de vós, ajudai-vos para ajudar, vos pede o irmão,

Antônio de Pádua
10 de dezembro de 1975

# O homem de coragem

Somente o homem de coragem poderá fortalecer-se para enfrentar os problemas de sua vida. Somente o homem de coragem tomará a iniciativa de começar a reformular o seu próprio eu.

A todos foi dado o poder mental. A todos foi dada a consciência para meditar sobre seus próprios atos. Meditando, chegarão à conclusão de quanto tem errado. Chegar à conclusão de seus erros, será somente para colocá-los em situação de desespero perante a vida? Isto pensaria o homem fraco, mas nunca o homem forte. Este último terá o raciocínio perfeito de que, se o seu consciente foi alertado para descobrir seus erros através de uma meditação, será uma graça oferecida pelo Pai para que ele reaja contra estes erros, para que ele se transforme em um outro ser, muito mais seguro, muito mais positivo. Aproveitai a descoberta de seus próprios erros, como um marco em vossas vidas e não um desespero. Que esta seja uma constatação positiva, de que sois gente viva, gente que traz Deus dentro de si e, assim sendo, tendo uma responsabilidade para convosco e para com Deus. Sabei aproveitar a consciência de vossos erros para, partindo deles, seguirdes uma nova caminhada mais segura.

Quem poderá afirmar que nunca errou? Porém eu vos afirmo que mais valor tem aquele que erra e que soube superar seus erros, do que o virtuoso, o que supõe viver na virtude. Os erros ficarão no passado, porém seus ensinamentos, os ensinamentos que vieram destes erros, se souberdes aproveitá-los, serão os alicerces de grandes vitórias, de construções mentais que vos fortalecerão para seguirdes subindo neste edifício imaginário que vos levará a grandes alturas. Do Alto olhareis para baixo, mas olhareis também para cima. Olhando para baixo, vereis o quanto já crescestes e, olhando para cima, vereis que o vosso céu é infinito e que muito ainda tereis de subir. Continuai, na esperança e na certeza de que tendes em vós todos os poderes, dados pelo Pai, para subir no espaço para todas as dimensões que vos levam a atitudes mentais de tal elevação, que chegareis a supor terdes chegado ao céu na concepção da maravilha da meta final, a que o ser humano anseia por chegar.

Fazei de vossos fracassos vitórias, com vossa própria força, é o que vos aconselha hoje o irmão,

Antônio de Pádua
10 de janeiro de 1976

# A gratidão

Homem, colocai vossos joelhos em terra e agradecei por tudo o que conseguistes acumular de sabedoria, ou até mesmo pelos sofrimentos que passastes. Agradecei ao Pai por mais um ano vivido. Mesmo julgando que vossa vida não foi boa, ou foi errada, mesmo assim agradecei, pois, perante o Pai, nenhuma forma de vida é desperdiçada. Agradece!, porque o fato de terdes vivido, já foi uma glória, uma verdade, uma constatação da bondade de Deus. Curvai-vos e agradece! As coisas que julgáveis impossíveis e conseguistes realizar. Meditai nas outras coisas que ainda pretendeis conseguir e que a dúvida já começa a afastar de vossas possibilidades mais concretas. Refleti que, se alguma coisa já conseguistes, outras tantas vencereis. Afastai a dúvida, esta inimiga de vossa vida, de vossa alma. Com esta dúvida como companheira, nada conseguireis realizar. Afastai a dúvida e clamai pela coragem, esta coragem que existe dentro de vós, esta coragem que é Deus dentro de vós.

Desperta! confiante para este início de ano, como aquele que acorda confiante para o início de um novo dia. Fazei deste novo ano um novo dia de muitas realizações, que só serão verdadeiras se vós mesmo acreditardes nestas verdades, nestas realizações, antes de mais ninguém.

Começai a acreditar em vós mesmo, em vossa vontade, em

vossa determinação e então, sim, todo o campo das energias criadoras estará à vossa disposição.

Mas homem, ajoelhai-vos e agradecei. Antes de conseguirdes novas vitórias, agradece! Pelas antigas vitórias conseguidas. Aprendendo a forma mais perfeita de comunicar-vos com Ele. O Pai vos ouve quando agradeceis, pois vos sente ligado a quem vos criou. O Pai, compadecido de vossa gratidão, dar-vos-á forças para continuardes lutando e vencendo.

Ajoelhai-vos, irmão, neste início de ano que ireis viver e, deste vosso ato de amor, toda uma vida de glórias se descortinará a vossos olhos.

O carinho do irmão,

Antônio de Pádua
17 de janeiro de 1976

## Não esperai!

Não pode o Pai esperar que estejais pronto para servi-lo. Não pode esperar que vosso espírito delibere em tão grave questão para então chamar-vos ao trabalho divino.

Se somente os que já estão prontos estivessem à frente dos trabalhos espirituais na Terra, o grande trabalho ainda estaria para ser iniciado. Muita verdade ainda estaria oculta aos olhos de muitos e a grande obra não seria iniciada a tempo de trazer a todos o alerta que se faz necessário cada dia, cada hora, cada minuto.

Meditemos então que mais vale no momento o menos culto que se apresenta para a grande obra, do que o sábio que está meditando sozinho. Mais vale no momento o trabalhador mais simples, que em sua simplicidade se apresenta dizendo "nada sei, mas aqui estou para servir", do que o estudioso aplicado e conhecedor de todas as leis e que, sabendo o quanto falta para aprender, acha que não vale a pena o pouco ensinar.

Vinde reunir-vos à fileira de trabalhadores simples que se apresentam para trabalhar com o pouco que tem para oferecer, mas com muito desejo de servir. Desse desejo de servir, buscamos condições de servi-los e intruí-los à medida que nos comunicamos com eles e desta forma, cada vez melhor poderão servir.

Pensai pouco em vossas condições ou merecimento para cumprir esta ou aquela missão. Pensai pouco no que sabeis ou deixais de fazer, pensai apenas que precisamos somente de vossa boa-vontade, de vossa simplicidade. Nós vos ajudaremos a subir na escala evolutiva dos seres. Nós vos ajudaremos em todos os sentidos para tê-los conosco neste trabalho de propagação das grandes verdades. Em vossas mãos, homens da atualidade, está o poder de ainda mudar muitas das coisas que estão por vir. De vossa união, de vossa força conjunta, depende a mudança de muita coisa. Crede mais na força de vossa mente, que é Deus em vós, e podereis esperar por um futuro menos negro, menos doloroso.

Ainda há muito o que fazer, não percais as esperanças, pois que os planos divinos estão à vossa disposição aguardando que estes despreocupados que sois vós, os de boa-vontade, façais aquilo que os sábios não fazem quando lhes falta o Deus que encontrastes pela fé.

Buscastes a fé e com esta compreensão trabalhais pelo próximo, que no final de tudo sois vós mesmo.

Irmão, Antônio de Pádua
11 de fevereiro de 1976

# Quando a ciência fala de Deus

Quando o homem inicia sua caminhada em busca de novas descobertas, encontra nos livros ensinamentos que lhe aclaram a intuição. Quer saber o porquê de tanta coisa que acontecia tão naturalmente. Nos primeiros estudos, por vezes se assusta. A ciência fala de coisas que ele desconhecia, como o poder da mente e aos menos preparados na fé, pode em princípio parecer que na mente, exclusivamente, está a explicação para todos os fenômenos, sem a interferência do espírito. Porém, a ciência procura criar o equilíbrio necessário aos homens de hoje, para que compreendam até onde vai a força, a razão da própria vontade, que não se comanda por si, mas que é comandada pelo espírito.

Em todas as experimentações científicas, cada vez mais é provada a existência do espírito, mas a ciência quer provar que também o homem encarnado é espírito, com vontade própria e absoluta, em face a Deus e a si mesmo. Que este espírito não encontrará respostas senão em si mesmo, para quase todas as indagações. Com a consciência que pode tomar de si mesmo, em primeiro lugar, de sua atuação na vida, de sua ligação com o Pai, que prova ser o sobrenatural uma energia que comanda tudo o que estava oculto ao homem que não pesquisava e que ao descobri-lo, mais valor dará à sua existência, à sua movimentação em todos os setores, em todas as direções. Será a eletrônica e toda forma de eletricidade, sobrenatural para o homem que estudou estas energias ocultas? E no entanto, o fato de descobrir o seu manejo ou seu emprego não fez que estas energias deixassem de cumprir o seu papel, muito pelo contrário, passaram a ser usadas em benefício de toda a humanidade. Então vemos que o homem procura primeiro fora de si aquilo que é a essência de si mesmo. Busca nos outros espíritos, quase iguais a si próprio, o conhecimento daquilo que já sabia mas não procurava despertar pela própria intuição, chave mágica que o levará a entrar em ressonância com as altas faixas vibratórias, ou seja, com os espíritos de elevada categoria espiritual.

Estudando, a ciência encontra Deus e pesquisando, o homem descobre que possui poderes e muitos dos milagres são explicados pela própria energia, pelo potencial de força amorosa que conseguiu desenvolver. Terá descoberto o mais importante de toda a sua pesquisa— buscava respostas em tudo que os outros faziam — buscava Deus fora de si, esquecido de que Ele está em todos os homens, em todas as coisas.

Continuai a pesquisar, homem de hoje, pois a ciência provará que o sobrenatural não existe. Compreendeis que tudo é tão natural como a própria consciência de si mesmo. Crede em Deus, encontrando explicações e razões para tudo, mas sempre compreendendo que a força que move as energias ocultas é Deus, dentro, e não fora, de todas as formas.

A bênção do irmão,

Antônio de Pádua
14 de abril de 1976

## A estrada da vida

Caminhai, homem, pela estrada de vossa vida. Não vos preocupeis em olhar para trás ou para o lado, preocupai-vos com o presente e não penseis nem mesmo no futuro. Caminhai com passos firmes, com justiça e retidão e vosso futuro será de paz.

O tempo corre com rapidez e não há mais por que preocupar-vos com o que já passou, pensai em caminhar, em ajudar a vós mesmo e depois aos outros. Caminhai com o firme propósito de elevar vosso coração para melhor servir. Caminhai meditando que para melhor servir tereis de ter muita vontade.

Em vossa caminhada sempre surgirão empecilhos aos vossos bons propósitos, para enfraquecer vossa vontade. Se fordes fraco a vontade ficará para trás e só vos apercebereis disso muito depois. Então, será tarde demais para o que poderia ter sido feito e não foi. Depois, será tarde demais para construirdes aquele presente que hoje já se transformou em passado. Pensai bem, não estareis deixando passar oportunidades valiosas para vossa iluminação? Não estareis deixando de perdoar, não estareis deixando de amar aos que vos amam? Se assim for estareis deixando de viver. Como podereis então caminhar, se não estais sequer vivendo?

Irmãos queridos, só vive quem caminha amando, quem caminha perdoando. Viver de outra forma é o mesmo que viver a vida vegetativa das plantas, sem raciocínio, naquela expectativa passiva que serve de beleza aos que passam por elas somente.

Vós não sois uma flor, não tendes sua beleza ou seu perfume, mas tendes um cérebro. Caminhai, porque a vida vegetativa pertence às flores e o trabalho e a vontade pertencem ao homem.

Com a mente unida ao Pai aprendereis a dar valor à vossa caminhada, vereis o quanto ainda pode ser feito em vosso próprio benefício. Vereis que ainda é tempo, embora o tempo seja tão pouco.

Comecei pedindo para caminhardes e agora peço para correrdes, correi irmão, agi bem depressa em defesa deste espírito que é vosso, que é a vossa salvação, que é o orientador de toda a vossa vida interior que caminha para Deus.

Caminhai para o Pai com passos rápidos e sentireis que valeu a pena caminhar, que valeu a pena correr para chegardes tão perto da luz que é salvação.

A bênção do irmão,

Antônio de Pádua
9 de junho de 1976

# Tende piedade de vós

Na iminência de uma queda, vossas mãos se apressam em vos amparar. Vossos olhos se fecham toda vez que a claridade os ofusca. Vosso organismo trabalha ininterruptamente criando anticorpos em defesa de vossa saúde. O sono refaz pelo repouso o desgaste de vosso cérebro e equilibra suas funções. Mas, conscientemente, irmãos, o que fazeis em vossa defesa espiritual? Tende piedade de vós e cuidai mais de vossa defesa consciente em meio a uma vida tão cheia de atribulações, que não vos deixa tempo para cuidar do espírito.

Cuidai de vosso espírito através da prece e da vontade de crescer. Mas como crescer se preencheis vossas horas com labutas e afazeres puramente materiais? Tende piedade de vós. Se aqui fosse a morada eterna, não haveria problema, tudo teria de ser resolvido aqui mesmo e vosso Pal faria que assim fosse, mas tereis de partir um dia no cumprimento de uma meta tão simples e tão certa à espiritualidade. Nesta hora, devereis estar preparados para não sofrer. Só não sofrerão aqueles que vislumbrarem com mais exatidão o caminho a percorrer no mundo novo que os aguarda. Não sofrerão aqueles que dispensarem uns minutos de seu precioso dia, para cuidar das coisas do espírito. Tende piedade de vós e cuidai mais de vossos espíritos.

Tudo faremos para vos ajudar sempre, dai-nos apenas uma

abertura mental, vossa vontade, que será como as mãos do espírito a vos amparar contra todas as quedas. Permiti que estas mãos espirituais da vossa vontade se coloquem a postos no momento exato e não depois de cairdes ao solo. Preveni-vos contra todas as quedas, através da vontade firme de estar com o Pai e Ele certamente estará convosco, mais perto do que nunca.

Tende piedade de vós, irmãos, porque sentimos o quanto sois impiedosos para com vosso espírito e este terá de alçar o grande vôo, preparado ou não, quando chegar a hora. Assim sendo, tende piedade de vós e nós seremos os primeiros a vos ajudar, colocando todas as mãos de luz da espiritualidade à vossa disposição.

Irmão, Antônio de Pádua
11 de agosto de 1976

# Por que?

Por que sofreis por antecipação? Por que vos compraz imaginar tudo pelo lado mais escuro da questão, mais sofrido da vida? Acaso o dia não vem após a noite, acaso a luz não é mais forte que as sombras?

Procurai não sofrer, irmão ou irmã, por antecedência, esperai ao menos que os acontecimentos se desenrolem, para então dardes a devida atenção, o devido grau de sofrimento. De nada servirá tanto sofrimento; dentro dele estareis apenas escurecendo os horizontes, despejando toda dose de negatividade por cima das pessoas ou casos. Ao invés disso, procurai dar a luz da reflexão, a luz da espera confiante que se transformará em energia viva e positiva para aqueles a quem amais.

Por vezes as criaturas não sabem sequer amar e dão aquilo que não gostariam de dar, dão aquilo que não deveriam dar. Devem dar o que possuem de força, dar o que possuem de fé, de esperança, e aí então o amor se transformará em força e até em saúde.

Sustentai vossos irmãos através da prece cheia de coragem, cheia de otimismo. Pensareis talvez que aqueles que já estão de partida para a Pátria espiritual, não deixarão de fazê-lo por causa do vosso otimismo e eu vos digo, que este otimismo que é luz, lhes servirá muito mais em seus primeiros passos na nova vida, do que a escuridão decorrente da vossa negatividade costumeira.

Acostumai-vos a viver pelo lado colorido da vida e as flores desabrocharão a vossos pés, substituindo as pedras. Sorri e tudo será belo a vossa volta. Caminhai na luz e a escuridão será apenas uma sombra.

Vinde, irmão, e vos ensinaremos a caminhar com passos mais firmes, mais iluminados. Abri vosso coração à verdadeira espiritualidade e vosso sorriso será permanente nos lábios, que se abrirão em súplicas calmas e confiantes. Vinde, que vos amamos, irmão sofredor, nesta caminhada que vosso Pai vos oferece para que se transforme em glória e não em pesares eternos.

Quem vos convida é o irmão que, desde cedo, aprendeu a viver em busca da luz pela qual o Mestre tanto sofreu para nos provar ser verdadeira. Vinde orar comigo, irmão sofredor de todos os tempos, e eu vos mostrarei o caminho.

Irmão, Antônio de Pádua
8 de setembro de 1976

## Vibração

Cada célula viva na natureza do planeta tem algo para vos dar. Aproveitai a vibração de todos os seres que vos cercam.

Ao passar por caminhos, meditai sobre as pedras e estas silenciosamente vos transmitirão uma mensagem de eternidade, de tempo infinito. Ao passar por uma flor, recebei seu perfume e ela vos retribuirá com a vibração da beleza. Já que a vida da flor é tão curta, aproveitai sua beleza, lembrando que de suas sementes, surgirão outras tantas belezas para aqueles que a observarão depois e vosso espírito se alegrará com isto. Ao cruzar com uma criança, não deixeis de mirá-la bem discretamente, calmamente, e ela, não sabendo que está sendo observada, vos dará toda a sua graça, toda a sua força de vida. Reparai que nela tudo é esperança, tudo é pressa, verdadeira vida a desabrochar. Ao deixá-la, estareis repletos de esperança e vida. Ao passar pelo homem sobre as calçadas, recebereis a vibração do aprendizado, da expectativa do sofrimento daqueles que só podem aguardar, esperai ajuda. Ao deixá-lo, dareis mais valor ao pouco que possuirdes. Ao passar pelo ancião, observai-o com mais amor e interesse, pois é dele que recebereis a grande lição. Vereis estampada em todo o seu ser a imagem dos dias vividos, sofridos, de esperanças perdidas, de saudades, grandes ou pequenas perdas, mas acima de tudo a vitória das alegrias que souberam se sobrepujar a todas as lutas. A vitória da própria vida sobre a vida, com todos os seus exemplos estampados em sua imagem alquebrada, a imagem de quem se aproxima do limiar de uma nova vida, distribuindo sua sabedoria com os que ficam. Aproveitai bem da presença do ancião e recebereis a vibração da fortaleza para vossos espíritos por vezes tão cansados. Meditai no quanto ainda tereis de caminhar, de palmilhar, nesta ou em outras vidas, e guardai a vibração de todas as formas de vida que vos cercou; guardai isto que tantos guardam tão pouco por falta de observação, a vibração que emana de todas as células vivas da natureza.

Aproximai-vos de tudo o que for belo e guardai estas imagens em vossos espíritos para que elas vos sirvam de luz na próxima caminhada, por paragens que serão belas ou tristes, de acordo com aquilo que desejardes guardar em vós.

A bênção do irmão,

Antônio de Pádua
10 de novembro de 1976

## Um minuto na consciência

Sim, irmãos, apenas um minuto na conciência será o bastante para mais um passo na evolução.

De nada porém vos valerá, em termos de caminhada mais rápida à espiritualidade, um século sem consciência. Assim, procurai pensar, meditar e avaliar bem tudo o que pretendeis realizar e até o que já realizastes, para que esta conscientização fique guardada e seja um grande salto na vossa escalada espiritual.

Um minuto na consciência vos alçará a paragens distantes? penetrando no mais íntimo do vosso ser, indo ao encontro do eu divino que por vezes está tão adormecido com tantas e tantas oportunidades perdidas na falta de consciência.

Procurai observar bem as oportunidades do dia-a-dia que desprezais, envolvidos por coisas que não possuem real valor. Procurai fazer do vosso trabalho, da vossa vida, uma constante conscientização. Procurai apreciar tudo o que vos cerca, guardando de tudo o seu real valor. Desprezai as coisas fúteis, elas vos oferecem somente momentos perdidos. Tudo o que é sem valor deve ser desprezado como coisas inúteis. Não me refiro a distrações, que são necessárias para refazer as energias. Que vossas distrações sejam sempre sadias, que não envenenem o vosso corpo, este santuário da alma, que dele necessita para mais viver, para melhor viver.

Aproveitai bem todas as coisas construtivas e sadias, todas as realizações que são de proveito para o vosso espírito, transformando-as em doação para o próximo.

Senti um minuto na consciência como vossa salvação à evolução, porque é a vossa conscientização do próprio viver, e conseqüentemente do bem morrer.

Irmão, Antônio de Pádua
12 de janeiro de 1977

## O sensitivo

Bela forma de nos expressarmos acerca daqueles que a ciência moderna achou por bem concordar em chamar de sensitivos.

Por que sofrem os sensitivos? Pergunta que sempre ocorre aos que não estão integrados nos estudos espiritualistas. É importante a meditação sobre tão interessante questão.

Então, vejamos: para que os sensitivos possam bem cumprir suas missões, eles nascem com uma fiação nervosa delicada para ser usada somente em determinadas ocasiões, quando fosse necessário usá-la para algum recado, algum trabalho, alguma missão. Assim, vemos então que, sendo criaturas assim formadas, evidentemente sofrem as influências dos ambientes, de determinadas presenças, das vibrações mais variadas. Sofrem porque seus espíritos ainda não despertaram para a oração e sua proteção, da orientação num sentido religioso, enfim, para o despertar espiritual da consciência. Tentam então os mestres soprar-lhes, encaminhá-los no caminho da oração, que lhes abrirá as portas aos ensinamentos mais profundos. Mas quantos sensitivos não aprenderam sequer a orar. Em seu auxílio virão as práticas e exercícios mentais, mas, enquanto não aprendem, sofrem.

É necessário que as famílias meditem na importância de despertar os jovens para a oração. Todo o seu psiquismo ficaria acalmado, controlado, todas as comportas da mente, sob rigorosa vigilância, a consciência despertada para o bem.

Assim, sensitivo é aquele que vem ao mundo com a missão de crescer, de evoluir, já que possui a fiação nervosa de acordo com o que iria necessitar para sua evolução e conseqüentemente a evolução do seu próximo.

Existem médicos sensitivos, são os grandes médicos que não se deixam comercializar na profissão. Em vários setores da vida, sensitivo é aquele que possui condições de através da prece, trazer a mente alerta aos mestres, aqueles que necessitam de canais de comunicação, de ligação com os seres terrenos.

Assim, ao invés de vos penalizardes dos sensitivos, dai a eles condições de servir, de crescer, de ouvir a voz da espiritualidade. Como, perguntais ainda? Dando a eles um pouco de paz.

A bênção do irmão,

Antônio de Pádua
9 de fevereiro de 1977

# O exemplo

Passai pela vida observando com muito cuidado todos os vossos atos. Deveis tê-los como exemplo daquilo que desejais provar. De nada valerá pregar paz em vosso lar, se não fordes o exemplo desta paz. De nada valerá pregar a harmonia, se não fordes o exemplo desta harmonia. Não podereis falar de amor, sem serdes exemplo de amor.

É meus irmãos, vede bem que muito fácil é pedir, ensinar e até pregar, porém, bem mais difícil é ser o exemplo daquilo que sabeis ser bom, mas que não sabeis praticar pelo exemplo.

O mundo possui grandes olhos que estão a vos observar. Estes olhos são juizes implacáveis e um dia cobrarão todas as atitudes erradas que cometestes. Eles a tudo vêem e vos observam, por vezes chorando, quando sentem quantas oportunidades, no decorrer de um simples dia, deixastes de aproveitar; uns tantos acontecimentos em que deixastes de dar o exemplo certo na hora certa.

Pais, meditai muito em tudo o que cobrais a vossos filhos; esposas e esposos, observai o quanto exigis do outro sem quase nada dar em troca. O amor verdadeiro foi gerado da fonte como maior exemplo de doação no qual vos deveríeis mirar para seguir.

O verdadeiro amor mais dá do que pede e, por isto mesmo, muito mais receberá.

Irmão de jornada terrena, estes grandes olhos que vos observam nos inúmeros erros que cometeis, na falta de caridade, na falta de compreensão, na falta do verdadeiro amor, não são os olhos do Pai, como imaginais, mas os vossos próprios olhos espirituais, nas vossas entranhas mais profundas, o vosso Deus que sois vós mesmo a vos observar. Tudo vos será cobrado por vós próprios, os vossos maiores juízes.

O Pai vos dá o sentido completo da liberdade, pelo grande amor que vos dedica, e assim sois livres para meditar e imaginar que vossa mente consciente deve vigiar-vos nas 24 horas do dia para que o vosso eu maior, a divindade em vós, não tenha razão para tantas queixas e censuras, quando deixardes o plano da vida material e vos encontrardes na presença de vossa consciência maior, o vosso Cristo interno.

Meditai no juiz que sois e refazei vossa vida enquanto é tempo.

Aproveitai os minutos tão preciosos a vossa evolução espiritual e eterna.

Irmão, Antônio de Pádua
9 de março de 1977

# A criança

Mulher, ser privilegiado, elevai vosso espírito para bem cumprir toda a bela missão que o Pai colocou em vossas mãos, ou em vosso ser, melhor dizendo.

Mulher, carregai com muito carinho esta obra de perfeição que o Pai esboçou em vosso interior. Ela é a Sua mais perfeita expressão de vida, ela é a Sua mais perfeita maneira de comunicar-se convosco.

Cuidai desde já com muito carinho destes pequeninos seres que a exemplo de tantos outros, virão trazer ao mundo a certeza do belo, da graça, a certeza de que Deus existe porque cria. E como cria o Pai? Contando com vossa colaboração, digo-vos eu. E isto vos digo para vos chamar a responsabilidade na confiança que o Pai deposita em todas vós.

Desde já amai-as muito, desde já conversai com elas, pois que seus espíritos já vos ouvem e já fazem o mais perfeito relacionamento convosco. Desde já falai bem baixinho para acalentar seu sono. Desde já cuidai de vossa alimentação para formá-las saudáveis e fortes. Desde já amai-as. E quando elas chegarem e abrirem os olhinhos para o mundo, ver-vos-ão e sentirão com alegria - "eu tenho pais que me amam, portanto nada tenho a temer". Mas a tarefa agora será mais difícil. Depois da obra concluída, o Pai espera que continueis a cuidá-las com o mesmo carinho e amor, falando baixinho para que se criem calmas, alimentando-as com cuidado para que se tornem fortes e saudáveis, dando-lhes muito amor, porque deste amor dependerá a consolidação daquela coragem de viver, de enfrentar o mundo, porque reafirmarão: "meus pais me amam, eu não tenho nada a temer". Mas elas crescerão e serão jovens; tereis de redobrar vossa paciência, tereis de continuar a vos afirmar perante elas como seres que as amam muito e que querem somente o seu bem. Elas, sentindo este apoio e este carinho, estarão prontas a formar novas famílias, porque seus espíritos fortes e saudáveis dirão: "O mundo é bom porque existe amor".

Irmão, Antônio de Pádua
11 de maio de 1977

# Os direitos humanos

Direitos como nunca apregoados por povos e por uma geração que não sabe sequer ao que se refere. Direitos que há muito não são tão relegados a um segundo plano por aqueles que realmente muito poderiam fazer por povos e nações, se quisessem fazer uso da sabedoria que lhes é dirigida do Alto, cada vez que abraçam o poder de governar.

Enquanto os grandes se esquecem de seus deveres, os pequenos se exaltam através de trabalhos humildes, que realmente vem ao encontro dos direitos dos seres humanos. Direito de receber uma ajuda em hospitais, através de médicos que humildemente servem aos que os procuram. Direitos que são respeitados, quando o pequeno funcionário recebe com atenção aqueles que se encontram do outro lado do balcão. Direitos que são respeitados quando todos procuram cumprir, em um planeta cheio de obrigações, quer pequenas, quer grandes, quer por pequenos ou por grandes. Direitos que tem as crianças de serem tratadas como seres de amanhã que terão de construir uma Terra melhor.

Pai, eu vos peço despertar nestes seres de agora o verdadeiro sentido dos *direitos humanos,* para que eles saibam compreender que o melhor direito é aquele que os leva a servir e a servir bem; aquele que os leva a sair do casulo de suas próprias vidas obscuras e inúteis, para juntos poderem dizer: eu faço algo pelos irmãos; direitos que os jovens proclamam como credores, não dando aos mais velhos, aos mais vividos, os mesmos direitos. Que não se esqueçam daqueles que antes deles vieram moldar, preparar todos os caminhos. De seus erros passados, puderam melhor construir os ideais de hoje. Que se lembrem de que sem as experiências fracassadas, não poderiam existir as novas experiências de sucesso.

Jovens, usai de vossos direitos, dando aos mais velhos o direito que lhes restou, o de apreciar a vossa obra.

Dirigentes, que a vossa obra possa servir de conforto e alegria, respeitando o mais sagrado direito, o direito de aprender a amar.

Irmão, Antônio de Pádua
8 de junho de 1977

## Viver o presente de acordo com o passado

Viver o presente de acordo com o passado é compreender e mais que isto, aceitar todas as provações como dádivas de um resgate ou como prova de amor sublime.

A vossa memória espiritual, escurecida pela atual existência, não aceita dores, dificuldades e lutas, principalmente quando tudo se dá em vosso próprio ambiente familiar. Poucos são os que aceitam estes sofrimentos, mas aqueles que já possuem relativo adiantamento espiritual compreendem em seu íntimo, no mais profundo do ser, a que vem estas dores e as aceitam, embora aparentemente se revoltem quando as agressões se transformam em provas mais difíceis.

Filhos queridos, há duas espécies de provas na vida familiar da Terra: uma é aquela que traz uma oportunidade de resgate, outra é uma bela e grande prova de amor sublimado. Esta última se refere a mães que em outras vidas tudo fizeram para trazer um filho para o caminho da luz, por elas já descoberto e que não conseguindo encaminhá-los, pedem uma nova oportunidade de voltarem, recebendo este filho como esposo. A esperança que seus espíritos amigos acalentam é de que na condição de esposas, possam melhor ajudar aquele que em outra vida, foi um filho tão amado.

Assim, filhos queridos, especialmente esposas que sofrem,

recebam hoje o carinho deste vosso irmão, que não vem contar nenhuma novidade no estudo das coisas espirituais, mas desta forma, nesta mensagem, transmitir-vos mais uma forma de alento às vossas almas sofridas. Lembrai, filhas, que vossos espíritos já possuem uma grande força; que o caminho percorrido não deve ser desprezado ou deixado para trás com novos pensamentos de modificar o rumo de uma vida que já percorreu a maior parte de sua trajetória, para voltar atrás ou mudar de caminho. Tende paciência, fazei sempre muita prece, pedi muita ajuda para aqueles que tanto amastes e que vos propusestes a ajudar mais uma vez. Um dia tereis a alegria de ver tudo no plano em que desejais e somente neste dia, vossa alma realmente se sentirá realizada e feliz.

Contai sempre com a ajuda deste irmão e que junto a tantos outros amigos vem trazer-vos o socorro sempre que necessitardes.

Irmão e amigo,

Antônio de Pádua
12 de julho de 1977

# Obstáculos

Imaginai, junto comigo, que estais acompanhando a caminhada de um ser desde o seu nascimento! Esta foi uma caminhada difícil, porque ele não estava preparado para as tormentas que teria de enfrentar.

Quando pequenino, ao desejar um brinquedo, não conseguia tê-lo e tinha de contentar-se em brincar com os brinquedos dos meninos vizinhos. Ele sofria e estava sempre contrariado e infeliz. Ao tornar-se jovem, as ambições de cursar uma faculdade lhe foram roubadas, por causa dos poucos recursos paternos.

Um dia, a fortuna de possuir seus pais terminou e ele ficou se achando mais só e infeliz. Cada coisa que desejava parecia cada vez mais afastar-se de suas mãos. Ele era um triste por excelência. Achava que a vida tinha obrigação de lhe ofertar tudo o que sonhava.

Ao pensar somente em suas tristezas e dificuldades, esquecia-se de ver as coisas que o Criador lhe dera. Por exemplo, era portador de uma saúde invejável, o emprego que conseguiu sem o auxílio de um diploma rendia-lhe mais do que o suficiente para uma vida digna. Os brinquedos que não possuíra na infância, ele os podia dar a seu filho e assim sendo, deveria sentir-se recompensado.

Um dia chegou a sua hora de regressar à Pátria espiritual.

Os tesouros que não encontrara na Terra estavam à sua espera na espiritualidade, pois que foi um triste, mas foi também um justo para com os outros. Tudo lhe ofertavam os irmãos espirituais, mas ele nada via ou ouvia. Assim, passaram-se anos, o nosso irmão resolveu abrir os olhos do espírito e analisar e compreender que todas as lutas que tivera só haviam servido para preparar seu espírito. Tudo o que ele poderia ter reconhecido ainda em vida e assim vivido melhor, ele agora compreendia, na companhia dos amigos do espaço, que tentaram alertá-lo enquanto na Terra, para que ouvisse as verdades espirituais.

Mas o Pai, que não desampara nem os tristes, nem os supostos infelizes, pode então fazer-se presente como uma luz em sua mente e este espírito triste transformou-se em mais um trabalhador, em mensageiro de esperança, da certeza de que as lutas fortalecem o espírito e que é na luta que o homem cresce verdadeiramente.

Irmão, Antônio de Pádua
10 de agosto de 1977

## A luz sobre a Terra

Deixai que abrisa da noite vos acalme.
Deixai que todos os sorrisos vos alegrem.
Deixai que todas as dores sejam consoladas.
Deixai que toda a graça vos ilumine.
Deixai que o Cristo vos penetre e brilhe em vós.

Apenas uma mente cheia de imagens tranqüilas poderá receber o Cristo. Somente um coração apaziguado poderá sentir o Cristo. Somente um espírito em paz poderá irradiar a luz do Cristo.

Assim, esforçai-vos por ser a paz dos ambientes, uma luz na escuridão, a palavra amiga para os tristes e necessitados, sempre que necessário.

Com o Cristo no coração, jamais vos sentireis cansados, jamais vos faltará disposição para o trabalho, já que o Cristo Jesus é a própria imagem do trabalho edificante.

Deixai que vossa alma se encha de amor por todas as criancinhas e recebereis a irradiação de Maria, que só pode ser sentida por aqueles que vivem no amor e para o amor.

Assim, queridos irmãos, procurai manter a mente voltada para todas as coisas belas e simples da natureza e todas as vibrações puras que fazem parte da natureza estarão ao vosso dispor, para vossa cura, para vossa paz.

Mantendo a mente firme em imagens boas e saudáveis, vossa vida será uma irradiação de paz, Jesus e Maria viverão convosco e sereis então seus servidores na Terra.

Irmãos queridos, enchei vossa mente com Cristo e vosso coração do amor de Maria e sereis a luz sobre a Terra.

Irmão, Antônio de Pádua
14 de setembro de 1977

## Caminhai por vós mesmo

Ninguém segura vossa mão, para dizer: matai! Ninguém segurará vossa mão, para dizer: feri!

Irmão, é sabido, o que fazeis é de vossa própria vontade. Mas quando vossa vontade se enfraquece, pensais em pedir ajuda para caminhar na estrada da caridade. É fácil então dizer: "pegai meu dinheiro e ide distribuí-lo com os pobres, já que estou ocupado". Tomai meu lenço e ide enxugar aquelas lágrimas, pois não suporto vê-las de perto. Tomai o que sobrou de minha mesa e ide distribuir com os famintos.

Por Deus, irmão, eu vos peço, não façais isto. Nem a sede ou a fome, nem as lágrimas que enxugardes pelas mãos de outros. terão valor perante o Pai. Tereis de caminhar por vosso impulso, tereis de enxugar as lágrimas com vosso amor, tereis de alimentar com vossas próprias mãos. Aí, então, o Pai vos sorrirá através de todas as bocas alimentadas, de todos os olhos enxutos, de todas as dores dizimadas.

Caminhai por vosso próprio esforço, porque assim é a caminhada para a vida espiritual, esforço e resignação.

Irmão, Antônio de Pádua
12 de outubro de 1977

## Para cumprir um determinação

Muitas vezes poderá parecer-vos difícil cumprir uma determinação. Deveis parar para aquilatar o valor daquilo a que vospropusestes cumprir.

Se vossa determinação se prende à construção de um lar, de uma instituição espiritual, então a meditação deverá ser levada para o terreno da grande seriedade. Estas determinações poderão, por vezes, levar-vos a serdes severos com aqueles que vos cercam.

Para cumprir as simples determinações da vida, não faltarão elementos para colaborar, mas para as grandes determinações que são as missões, difícil se torna encontrar colaboradores que sintam o mesmo ideal. O que deve então ser sacrificado: o trabalho simples, ou o importante?

Sede severos com aqueles que tentarem dificultar o cumprimento das missões para as quais dificilmente são encontrados substitutos. Lutai para cumprir todas as determinações superiores. Elas devem comandar vossa mente subjetiva e até tentar ajudar aqueles que vos cercam.

Se surgirem contrariedades, superai-as com pensamentos de amor e amanhã, aqueles que hoje reclamam, vos agradecerão. Dai amor em vosso ambiente de trabalho, em vossos lares ou instituições.

Aqueles que estiverem vivendo, ou venham a viver isto para que venho alertar-vos, me compreenderão melhor.

Irmão, Antônio de Pádua
11 de janeiro de 1978

## Sede objetivos

Se em vosso dia de lutas e trabalhos, tiverdes muito a executar, segui em frente e dai cumprimento a tudo. Mas, antes de iniciar qualquer trabalho, meditai qual é o mais importante e colocai nele toda a vossa atenção.

Em vossas vidas há sempre algo de maior importância. Se não atentardes para isto, não dareis a devida atenção às coisas importantes e assim dareis a elas um atendimento sem valor.

Preocupai-vos em executar com perfeição as coisas que vosso eu superior espera de vós, aquilo que ele clama em vós. Somente através da meditação, da preparação, conseguireis saber qual será a tarefa mais importante do dia.

Aprendendo a vos alertar para a missão de cada dia, sabereis alertar-vos para as vossas grandes missões. Estas missões tanto podem ser no campo espiritual como no seio de vossas famílias. Vossa missão pode ser importante em vários setores.

Aprendei a bem cumprir as missões de cada dia e desta forma, estareis alertando vossa mente, a fim de ouvir com atenção as recomendações ou indicações do vosso eu maior, para a missão que o Pai espera de vós.

A bênção do irmão,

Antônio de Pádua
2 de fevereiro de 1978

## O Evangelho à Luz do Cosmo

RAMATÍS / HERCÍLIO MAES

Formato 14 x 21 cm • 352 p.

Se na beleza irretocável dos ensinos e parábolas de Jesus nada pode ser acrescido ou alterado, contudo, hoje pode ser feita a leitura mais esotérica deles, e percebido o seu sentido interno e oculto, que durante séculos permaneceu velado à consciência comum da humanidade. É o objetivo da presente obra de Ramatís, que desvenda a dimensão secreta e cósmica das histórias singelas do Mestre Nazareno.

A evolução mental do terrícola, atualmente, já permite desvelar essa realidade mais profunda do Evangelho, que é a de se constituir uma síntese das leis cósmicas, ou a "miniatura do metabolismo do próprio Criador".

Neste obra de cunho iniciático, mas na linguagem cristalina e acessível característica de Ramatís, o leitor encontrará, além da interpretação mais profunda e esotérica dos preceitos evangélicos, um estudo fascinante dos temas "Deus" e "Evolução", tratados com a profundidade e clareza típicos do velho mestre da Grecia antiga.

Uma das obras mais atraentes de Ramatís, que irá conquistá-lo para o rol de seus milhares de leitores.

NS ASAS DA LUZ
foi confeccionado em impressão digital, em fevereiro de 2018
Conhecimento Editorial Ltda
(19) 3451-5440 — conhecimento@edconhecimento.com.br
Impresso em Super Snowbright_b 70g, Hellefoss AG